体育学重点学科资助项目

武汉体育学院2015年度青年教师科研基金项目“武汉体育学院大学英语听说课程翻转课堂教学研究与实践”（项目编号2015QS10）研究成果

大学英语教学政策在体育院校的执行与反思

程瑾瑜　著

WUHAN UNIVERSITY PRESS
武汉大学出版社

图书在版编目(CIP)数据

大学英语教学政策在体育院校的执行与反思/程瑾瑜著. —武汉:武汉大学出版社,2016.4

体育学重点学科资助项目

ISBN 978-7-307-17805-2

Ⅰ.大… Ⅱ.程… Ⅲ.英语—教学研究—体育院校 Ⅳ.H319.3

中国版本图书馆 CIP 数据核字(2016)第 088733 号

责任编辑:林 莉　　责任校对:李孟潇　　版式设计:马 佳

出版发行:**武汉大学出版社** (430072 武昌 珞珈山)

(电子邮件:cbs22@whu.edu.cn 网址:www.wdp.com.cn)

印刷:湖北金海印务有限公司

开本:720×1000 1/16 印张:9 字数:181 千字 插页:1

版次:2016 年 4 月第 1 版 2016 年 4 月第 1 次印刷

ISBN 978-7-307-17805-2 定价:28.00 元

引　言

大学英语教学是我国高等教育的一个有机组成部分。大学英语课程是非外语专业本科大学生必修的公共基础课。我国社会发展、经济建设和国际交流的需要，已使得这门课程必须把重点放在培养学生的英语实际应用和交流能力方面。目前，大多数高校选择英语作为第一外语，大学英语已成为名副其实的最大的课程，它不仅关系着学生是否能正常毕业，还关系着学校教学质量的评估，大学英语已远远超出了一门普通课程可以到达的影响力，它实实在在地影响着数以千万计大学生的学业甚至前程和命运。现在的大学英语教学虽然已经取得了不可否认的成绩，但也存在着一些亟待解决的问题，如师资培训、教学理念和方法、教学模式及手段等方面都需要作出重大改革。就教学理念而言，大学英语教学是以英语语言知识与应用技能、学习策略和跨文化交际为主要内容，以外语教学政策为指导，以遵循语言教学和语言习得的客观规律为前提，集多种教学模式和教学手段为一体的教学体系。

体育院校的英语教学效果一直不尽如人意，广大教学工作者也一直在努力地进行积极的探索，希望能找到一条适合体育类学生发展的英语教学之路。但由于体育院校的学生具有特殊性，他们无论是英语基础，还是对英语学习的兴趣等方面，都无法与其他高校的学生相比。体育院校培养的体育人才在英语培养方向上目标非常明确，就是要培养既具有良好的体育技能，又可以流利地用英语进行日常交流，并且需要掌握相关专业的专业英语知识的体育人才。通过大学英语教学政策的文本分析，可以更深刻地了解大学英语教学政策内容的变化，而对于大学英语教学政策的过程分析，则更能了解政策产生的历史背景、政策的执行情况以及对大学英语教学的后续影响，能更清楚地回顾和考察大学英语教学的发展轨迹，通过大学英语教学政策的分析和政策在体育院校执行的分析，有助于解决体育院校大学英语教学进程中存在的问题。

从教育政策中的教学目标和要求来说，大学英语教学的目标是帮助学生打下扎实的语言基础，掌握良好的学习方法，具备较强的英语综合能力，使他们能用英语有效地进行口头和书面的信息交流，同时增强自主学习能力和综合文化素养，以适应今后工作、学习和交流的需要。从体育院校自身的发展和人才培养战略来看，要建设世界一流体育大学，培养一流体育人才，应该是精品教学。但实际存在的教学理念、环境和现状似乎未能满足打造精品的需要，仍然存在语言应用能力弱的现象。基于以上原因，我们在武汉体育学院进行实验性教学改革，以政策学为指导，同时运用建构主义的教学理论以及相关二语学习理论，在培养学生打好英语语言基础的同时，加强英语综合运用能力，使体育人才也具备相应的英语实际应用和交际能力。

教与学的关系讨论一直是教育工作者思考的重点。对于英语教学来说，需要更加强调的是学生的主动学习，而非传统教师的强制灌输。建构主义学习理论将教学的中心由“教”转向了“学”，教学过程中强调学生的作用，学生是认知的主体，是意义的主动建构者；教师是教学过程的组织者、指导者，意义建构的帮助者、促进者。与此同时，信息时代的信息蔓延和远程终端形式为英语教学提供了一个有益的平台。混合型学习理论就强调利用计算机网络远程学习和传统课堂学习相结合。面对面的学习和远程（网络）学习两种方法可优势互补，但同时，也需寻求两者合适的平衡度。

体育院校大学英语教学改革的最重要的目的就是要提高大学英语教学的质量，加强体育毕业生的综合竞争力，培养独具特色的国际化复合型人才。笔者认为大学英语教学的改革不仅对广泛意义上的体育院校各专业学生有用，对体育院校的英语专业的改革也能起到促进作用。“专业+英语”的模式可以逐步实现大学英语和英语专业两支教师队伍你中有我、我中有你。这既能保持大学英语的专业化教学，同时也能够及时影响英语专业教学改革。正如束定芳教授所言，大学英语不是一门普通的课程，“它作为国际跨文化交流工具的特殊本质特征，使得它应该与一个国家的发展战略、高等教育国际化、高校本身的定位以及人才培养目标紧密结合在一起”。不可否认的是大学英语教学和特色人才的培养近年来越来越受到各种等级考试的冲击，学生英语实际应用能力的培养被忽略了。急功近利的应试英语教育也消磨掉了学生学习大学英语的热情和教师的教学创造力。大学英语教学改革的探索有望实现系统化、可持续的英语教学，并在实践中能够有效地激发学生主动学习大学英语的热情。当然，大学英语教学改革不仅仅是学生和教师，它更需要的是整体与部分联动，全面与个体合作。但我们更要看到以试点班为基础可以探索大学英语教学的新模式，以第二课堂为基础能够探索大学英语教学的新平台，以“专业+英语”为基础有望探索大学英语培养模式的新道路，以团队合作为基本理念可以寻找大学英语师资队伍建设的新方法。

随着对外开放的不断深入和国家综合实力的不断增强，我国的高等教育面临着空前的挑战。而外语，特别是英语，不仅仅是人们交流和沟通的工具，更重要的它还是国际竞争的武器。近年来，我国的高等教育，特别是外语教学取得了长足的进步。但是经济的发展、社会的进步对人才培养提出了更高的要求。英语是当前国际上各行各业进行交流的主要语言。随着越来越多国际体育赛事在中国的举办，对于专门的体育人才的英语要求也越来越高，尤其是对英语的听、说、译能力的需要越来越高。然而，我国体育院校大学英语教学普遍存在“费时较多，收效较低”，所花时间和代价与教学效果不相适应的问题。毕业后的学生无法正确用英语进行交流。所以，进一步提高体育人才的英语应用能力的呼声日益高涨，深化英语教学改革已刻不容缓。

当今中国大学英语教学面临不少问题，而体育院校面临的问题更严重，如学生的语言基础差、综合应用能力不足、学术英语表达力差、自主学习英语的习惯未得到充分培养、教师的知识结构单一，这些都不能很好地满足复合型人才的培养需要；在进入电子传媒、网络时代后，新的学习方式等网络学习对传统的、单一的大学英语教学方式提出了挑战。体育院校应从大学英语课程改革、大学英语第二课堂建设、教学管理模式创新探索和大学英语信息技术运用等方面入手，在充分了解国家政策和大学英语教学的整体情况后，梳理近年来大学英语的教学理论研究成果，在校内外开展较为广泛的调研，力求客观科学地反映问题，并通过创新实验来寻求问题之解。国际教育学院的大学英语教学既面临全国高校大学英语教学所面临的共同挑战，也面临着学校提升整体教学质量从而对大学英语教学提出的新要求。因此，大学英语教学改革的首个目的就是要提高大学英语教学的质量，加强英语能力在毕业生综合竞争力中的分量，培养独具特色的国际化复合型人才。

大学英语改革任重而道远，但是千里之行，始于足下。只有我们勇于实践和创造，才能一步一个脚印地走出大学英语教学发展改革之路，培养出更多符合新时代要求的国际化复合型人才。

作 者

2016 年 3 月

目　录

第1章　绪　论

大学英语教学是高等教育的一个重要组成部分，是培养社会需要的具有特定专业知识且具有较高外语能力的高级人才的活动。高校要把人的全面发展作为大学英语教育首要的价值目标，并以此为准绳相关的制定大学英语教育政策，合理配置大学英语教育资源，注重学生的个体差异性，提供多样性的大学英语教育，使大学英语教学成为促进社会和受教育者的全面发展的推动力。

本书从教育学、语言学和政策学多学科的视角分析大学英语教学政策，探讨体育院校大学英语教学改革的出路。教学政策分析的三维度，即内容分析、过程分析和价值分析作为大学英语教学政策的分析框架成为本书的主线索，从纵向反思历时的大学英语教学政策，到横向借鉴国外的外语教学政策或者语言政策，再到分析我国体育院校大学英语教学政策的执行情况，最后尝试构建合理的体育院校大学英语教学的模式。本论文运用文献分析法和历史法回顾并反思“实然”的大学外语教育政策，用归纳和比较的方式探讨国外的成功经验，同时运用建构主义的教学理论以及相关二语学习理论，探索构建“应然”的大学英语教学模式，以期为体育院校大学英语教学改革提供理论依据和建议。

回顾历史，我国的大学英语教学政策深受政治、经济、文化的影响，在价值取向上，存在重视社会价值而轻视个人价值的现象。首先，本书从大学英语教学政策价值分析、文本分析以及政策产生的过程分析三方面探讨我国大学英语教学政策的发展途径，客观地分析和认识政策决策的时代弊端及教学实践中的一些失误。对三次修订的《大学英语教学大纲》以及《大学英语课程教学要求》(2007 版）进行了文本分析。对“十年大学英语教学改革”中的教学政策产生与实施，尝试着进行了一个过程分析，再现了这一时期大学英语教学政策制定与实施中的各种矛盾与冲突。对大学英语教学政策决策主体的单一化、大学英语教学政策的工具性倾向、大学英语教学政策执行主体的政策偏差、大学英语教学政策客体的边缘化以及大学外语教育政策的评价体系不合理化等问题进行了成因剖析与反思。

其次，本书探讨了大学英语教学政策在体育院校的执行情况，分析了当前体育院校大学英语教学中所面临的形势及所存在的突出问题的，并结合政策学的视角，分别分析了教学目标、教学模式、教学内容和教学主体四个方面，发现目前大学英语教学中存在教学目的单一化、教学模式呆板化、教学内容非实用化及教学主体非专注化的几个突出问题。并针对大学英语教学中存在的这些问题，提出了改革方案。如教学目的应多样化，教学模式活泼化，教学内容生活化及教学主体的专注化。在对这四方面的分析中，着墨最重的是教学模式和教学主体方面的改革。教学模式方面，主要阐述了传统式教学、自主式教学、网络教学以及在网络环境下的自主式教学模式改革等，指出在新的时代形势下，不能因循守旧而应积极利用丰富的教学资源，大胆尝试一切可行的教学方法，提高教学质量和办学效率，其中在第5章着重分析了最近最流行的翻转课堂的新型教学模式，并陈述了在武汉体育学院进行了翻转课堂是实证研究的结果。当然，教学模式的改革离不开对教师、学生以及教学环境等诸多方面的配套改革。教师方面，主要侧重分析了教师激励制度和教师角色转换两个方面。指出教师也应该积极学习新的教学理念和教学方法，这样才能跟上日益迅速的大学英语教学改革的步伐。

1.1 研究的背景及意义

随着国家与国家之间政治、经济、文化交流的日益频繁，如何加强外语教育和培养更多更好的外语人才以促进国际交流和相互了解已成为越来越重要的研究课题。近20年来，世界各国都更加重视提高本国国民的语言素质，把外语看做提高国际竞争力，适应经济全球化的发展，促进各国间的相互理解和提高国际知名度的重要工具，西方的许多国家把外语教育政策纳入到公共政策的研究范畴，纷纷制定了符合本国国情的外语教育政策。2000年英国政府出版了关于英国外语语言教学现状及展望的调查研究报告——《下一代人的语言》。美国、加拿大、澳大利亚、泰国、以色列及许多欧洲国家都将外语等课程列为“重要课程”，并制定了相应的国家语言政策或外语教育政策。澳大利亚的《国家语言政策》为全国的外语教学提供了宏观的指导框架；西班牙通过了一项政府法案（LOGSE），把外语确立为核心课程；以色列政府推出全新的称为“3+1”的外语教育政策；美国联邦政府制定了《国家安全教育法案》、《2000年目标：美国教育法案》及《外语学习标准：准备迎接21世纪》等一系列宏观性的政策来管理和规划外语教育。

1.1.1 研究之缘起与研究之问题

中国第一所现代学校——京师同文馆是清政府于1862年迫于政治与经济的需要而开办的，这也揭开了中国近代教育的序幕。可以说，中国的现代教育起源于外语教育。经过100多年的发展，特别是改革开放以来的30年，“在各项建设事业中，中国外语教育事业的改革与发展成绩显著”，“合理的外语教育体系正在逐步构建，外语教育在人才培养的效率和质量方面都有了比较大的提高，在服务国家经济建设和社会需求方面正发挥着越来越大的作用”。根据教育部统计，2015年我国有本科院校 1 202 所，招生 383.4 万人，高校在校学生达到 1 541 万人，大学外语已经由一门不太为人关注的课程，发展成为影响到数以万计大学生的学业甚至前途和命运的公共基础课程体系。伴随着国家改革开放的步伐，大学外语走过了一个不平凡的旅程。从 1962 年颁布的第一份教学大纲开始，《大学英语教学大纲》作为大学英语教学的指导性文件经历了三次修订过程，直至 2004 年退出历史舞台，由新制定的《大学英语课程教学要求》(2007 版）所取代。进入全新的 21 世纪以后，为了适应新的形势，教育部采取了一系列的措施，推动了以信息信息技术为基础的大学英语教学改革，改变了传统的大学英语教学模式。这场改革无论在力度还是深度方面都是以往任何大学英语教学改革所不能比较的。现在，整个社会特别是青年人的外语水平有了很大的提高，公众的外语能力和外语意识不断增强，直接或间接地提升了中国的国际竞争力和影响力。“中国外语教育改革突飞猛进，其基本特点可用 16 个字概括：持续高温，飞速发展，成就巨大，问题犹存。”那么大学英语教学到底存在哪些问题呢？

问题一：大学英语的课程设置以及教学目标设定忽略了学生的个性化需求。《大学英语课程教学要求》(2007 版）规定“大学英语教学是高等教育的一个有机组成部分，大学英语课程是大学生的一门必修的基础课程”，“大学英语的教学目标是培养学生的英语综合应用能力，特别是听说能力”。在课程设置上，大学英语被规定为必修课，很少考虑学生个体和学科专业的差异性。在这种强制性的大学英语教学政策下，无论是哪一类专业、任何类型的学校的学生都必须来学习大学英语这门课程，既不考虑社会、专业、学生是否需要，也不考虑学生的语言基础以及学校的教育资源。这种做法既不符合高等教育法的精神，也不符合市场经济条件下的学生自主学习的要求，既浪费了学生的时间，又浪费了教学资源。既然大学英语被定义为每一个学生的必修课程，那么学生在未来的工作中至少应该有机会使用英语，否则就是浪费英语教育资源，如果学生所学语言百分之百无所应用，那么对英语教育资源来说则百分之百的浪费。

在目标定位上，强调“听说优先”，对于中国学生来说，尤其是体育院校的学生来说，实在是勉为其难。因为英语对中国学习者来说是一门外语，显然，对于一个没有英语环境的英语学习者，英语的听、说能力对他的挑战往往大于读和写的能力。尽管已经加入了世界贸易组织，我国的生产原料和产品市场主要在国内。即使我们的外贸以很高的速度发展，直接从事贸易活动的也只是少数人。从客观上讲，英语在中国是一种学习语言即提高素质的语言和一种工作语言，英语不是日常生活的需要。没有社会的实际需要，缺少学习和使用语言的机会和环境，听说能力当然难以提高。即使花大力气听说能力提高了，没有外部使用语言的环境，听说能力也会下降。

事实上，大学英语作为一门普通的公共基础课，学与不学，多学与少学的决定权应该在具体的学校、具体的专业和个体的学生手中，而不必在指令性文件中加以规定。应该把这个权利放回给教学的组织者——学校以及学习的主体——学生，由他们根据自己的专业特点、个人兴趣和实际需要作出选择。政府和学校既是教育者又是教育服务的提供者，学生既是受教育者又是教育服务的消费者，多样化的外语教育选择才真正具有其自身的合理性和存在的价值。

问题二：大学英语教学管理不合理。在大学英语教学的管理方面，各高校都存在“管不到”和“管得过细”的问题。一方面，我国没有一个专门的机构统管我国的外语教学，教育部的基础教育司、高等教育司分别管理教育基础阶段和大学阶段的外语教学。这样就导致了基础阶段和大学阶段的外语教育政策制定上缺乏科学的衔接，甚至有高校在研究生阶段的外语教学要求低于本科大学英语教学要求，而大学外语的教学要求几乎与中学外语教学相同。另一方面，从语种的选择、大纲的制定、目标的定位，到英语综合应用能力的侧重、教学模式的采用、软件及教材的使用等，都由国家教育部统管，尽管在《大学英语课程教学要求》中说明了各高等学校可以“根据本校的实际情况，制定科学、系统、个性化的大学英语教学大纲”，但是，它也同时在“听力理解能力”、“口语表达能力”、“阅读理解能力”、“书面表达能力”、“翻译能力”、“推荐词汇量”六个方面规定了学生应该达到的具体指标，并分为“一般要求”和“更高要求”，而“一般要求是高等学校非英语专业本科毕业生应达到的基本要求”；在教学模式上，“各高等学校要充分利用现代信息技术，采用基于计算机和课程的英语教学模式”，强调“要特别重视对听说能力的培养和训练”。

问题三：大学外语教学语种选择单一，绝大多数是大学英语，国家缺少合理的语种规划。我国的外语教育政策在立法层面上，尚未有制定明确的政策和规定。《中华人民共和国宪法》关于语言使用有两条规定：“各民族都有使用和发展自己的语言文字的自由”；“国家推广全国通用的普通话。”这些规定只涉及我国各民族语言的使用和管理，其管理机构是1952年成立的中国文字改革委员会，在国务院领导下贯彻执行国家关于语言文字工作的方针政策。但是，对于外语的地位以及外语的使用和教学，没有明确的规定，更没有以立法的形式来规定和管理外语教育。因此，大学外语教育政策的制定缺乏民主而又科学的模式与程序，大学外语教育政策的功利性和工具性明显，所制定的大学外语教育政策缺乏系统性和连贯性。从20世纪50年代的“全面向苏联学习”到现在的“全民学英语”，外语教育的地位、外语语种的取舍随着政治、经济、文化和国际环境的变化而起伏不定，存在一定的盲目性，也造成了一定程度的浪费。正如Adamson博士在《中国英语：中国英语教育史》中所言，中国外语教育发展的过程实际上是各种错综复杂的因素如政治、经济、社会和教育等，交互作用、交互制约的过程，凡是中国政治运动高涨时，政府就要通过社会和政治的手段来调控外语教育，反之，凡是中国大力推进经济建设、加强国际合作时，政府就大力提倡和推广外语教育。

问题四：大学英语的评估体系不合理。尽管《大学英语课程教学要求》指出，各学校可以自行决定考试的形式，但是“都要充分考核学生实际使用语言进行交际的能力，尤其是听说能力”，这样在某种程度上限制了大学英语课程的教学模式。尽管没有提及四、六级考试，但是规定“各级教育行政部门和各高校应将大学英语课程教学评估作为各校本科教学工作水平评估的一项重要内容”。事实上，大学英语四、六级考试的通过率、优秀率和级点分是教育部检查各校大学英语教学质量的重要依据之一。因为大学英语课程是除政治课以外唯一所有大学都开设的必修课，也是唯一需要进行全国统考的课程。因而，大学英语四、六级考试的通过率和级点分就成了唯一能够衡量大学本科质量的可比性指标。在教育部本科教学质量的各种评估中，甚至申报“211”和“985”工程学校中，四、六级考试的通过率也一度作为重要的考核指标，有的学校甚至把四级考试与学生的学位挂钩，冲击了正常的教学秩序。大学英语四、六级统考作为大学英语评价体系的重要组成部分，某种程度上助长了大学外语教育的功利性和应试教育的盛行。

问题五：在价值取向上，我国的大学外语教育政策深受政治、经济、文化的影响，存在重视社会价值忽视个人价值的现象。大学外语教育是培养社会需要的有特定专业知识且具有较高外语能力的人才的活动，大学外语教育首先是培养人的活动。但是，目前的大学外语教育仍旧偏离其本体“育人”功能而追求其延伸功能，即为社会的经济、政治与文化发展服务的功能。大学外语教育价值取向基本上是工具主义的，也就是一种工具理性主导下的价值取向。传统工具理性主导下的大学外语教育价值取向的最大后果就是大学外语教育自身及受教育者主体的“工具化”，大学外语教育在满足社会的政治、经济或文化发展需要时将自身及受教育者“工具化”了。“工具化”价值取向追求的是一种外语教育或外语技能，忽视了以培养人为中心的主体教育。我们的大学外语教育背离了教育的主线——人的自由全面发展。

上述问题的存在，影响了大学英语教学的健康发展。然而，问题的解决不能“头痛医头，脚痛医脚”，而是要从根源上找到问题的答案，大学外语教育亟待一个科学的宏观的政策来指导大学外语的教学活动。如何根据我国的国情构建一个中国特色的大学外语教育政策体系，在这个体系中政策的主体和客体各自所起的作用？大学外语教育的价值取向是什么？采用何种决策模式？怎样的分析框架来评判大学外语教育政策？大学外语教育的发展方向在哪里？作为大学外语教学的实践者有责任回顾大学外语发展所走过的路程，从政策学和教育学的视角考察大学外语教育政策的产生背景、制定和执行过程，回顾“实然”的大学外语教育政策，从宏观和微观两个层面考察大学外语教育，反思其中存在的问题。用适合的大学外语教育政策分析框架构建“应然”的大学外语教育政策体系。一个国家的外语教育政策和政治制度是紧密联系在一起的，如何根据我国的国情建构一个中国特色的大学外语教育政策体系，正是本论文选题的原因所在。

1.1.2 研究的目的与意义

高清海教授认为，在理智理性、信仰理性、反思理性中，反思理性是最高形式，是一股不断理性审视自身的自我监控、自我反省、自我批判、自我矫正，表现理性自我掌控的力量，是人的真正的自主理性。“反思”，在最直接的意义上就是思想以自身为对象反过来思考，即对思想的思想。本论文的反思是对大学外语教育理论和教学现状的再思考，对当下大学外语教育政策理论和实践的再追问。任何教育都不可避免地存在着各种各样问题，而对存在问题的反思、成因的追问以及解决问题的决心便带来了教育改革，教育改革的成功与否在很大程度上取决于对存在的问题有无清晰而准确的认识。而清楚的认识来自不断的自我反思和自我批判，离开了反思与批判，教育理论和教育实践就会走向停滞与僵化。而没有对现实的反思与批判精神，就不能为构建新的教育提供相应的契机。本论文反思我国的大学外语教育政策中存在的问题，就是对大学外语教育政策的再思考与再追问，从教育学、语言学、政策学等学科的视角重新分析和认识我国大学外语教育政策的特点和弊病，就是为了构建适合我国实情的大学外语教育政策模式，规划和统筹大学外语教育的发展方向，制定既适应现实又面向未来的大学外语教育目标和政策，使大学外语教育服务于人的发展和社会的发展。反思是反省，是自我批判，也是一种前进的动力。通过探讨解决大学外语教育发展的应然目的和实然状况之间的矛盾的途径，借鉴国外成熟的经验，为制定新世纪的大学外语教育政策，为大学外语教学改革提供理论依据和建议，最终达到使受教育者全面自由和谐发展的目的。本论文具有实践意义和现实意义。

1.2 文献综述

1.2.1 教育政策研究综述

1. 国外教育政策研究综述

政策是在人类历史发展的各个阶段和社会的各个领域起着举足轻重作用的一种社会现象，在现代社会，由于政策作用的不断扩大和影响的日益突出，越来越多的人开始关注和研究政策。1950 年，美国政治家 H. D. 拉斯韦尔（Harold D. Lasswell）在《权力和社会：政治研究的框架》一书中，第一次提出了“政策科学”这个术语。1951 年，《政策科学：在范围和方法上的新近进展》的作者拉斯韦尔和 D. 勒纳（Daniel Lerner）对政策科学的基本范畴和方法作了进一步的阐述，为政策科学的发展奠定了基础。同时代在教育科学研究领域有影响的人物还有戴维·伊斯顿（David Easton）。在20世纪60年代末70年代初，叶海卡·德罗尔发表了《重新审查公共政策的制定过程》(1968)、《政策科学探索》(1971)和《关于政策科学的构想》(1971)，被称为政策科学的三部曲。德罗尔对现代政策科学的性质和内容作了新的概括，他所提出的理论形成了政策科学研究的基本范式。此后，政策科学迅速发展起来。到了20世纪80年代，美国、北欧、日本以及世界上的一些著名大学都已经将政策科学作为一门独立学科。成立了许许多多的专门研究机构，涌现了大量的政策研究的书籍、论文、杂志，形成了政策科学的繁荣时期。

2. 国内教育政策研究综述

我国的政策科学研究起步较晚，始于20世纪80年代初期，整体发展水平相对落后于西方发达国家，而教育学术界关于教育政策的研究尤为薄弱。目前，就我国教育政策研究领域的有关文献来看，国内规范化的教育政策理论研究文献相对较少，大多数文献是近几年发表的，但总体上呈逐年快速增多的趋势。从研究的领域来看，主要停留在教育政策研究意义的认识、理论概念和体系的引介和建设上，说明教育政策研究，特别是教育政策的基础理论研究刚刚起步。涉及教育政策研究和分析的意义与紧迫性的文献数量较多，说明目前国内的教育政策研究还处于初始阶段。关于教育政策研究的系统理论，主要有袁振国先生主编的《教育政策学》和孙绵涛先生主编的《教育政策学》。袁振国先生主编的《教育政策学》引介了国外和港台教育政策理论以及研究概况，重点探讨了教育政策问题、政策目标、政策手段及政策评价等问题。孙绵涛先生主编的《教育政策学》更多关注我国教育政策的有关问题，提出的教育政策理念以“平等、自由和效益”为主要内容。另一类研究关于教育政策的基本概念与环节的讨论，如教育政策的概念研究、教育决策过程研究、教育政策的价值研究以及教育政策认定、执行与可行性研究。还有涉及具体教育政策的研究，如重点中学政策、全民教育问题、区域政策、课程政策等。除此之外，还有相关研究对于国外有关国家教育政策的介绍和分析。

目前，有关教育政策理论研究的相关作品的数量还不是很多，进入21世纪以来所出版的主要专著：《2000年中国教育绿皮书》(国家教育发展研究中心，2000)，《中国教育政策评论》(袁振国，2000)，《教育政策的经济分析》(曾满超，2000)，《试论教育政策研究分类的理论基础》(谢少华，2002)，《关于教育政策分析若干理论问题的探讨》(孙绵涛，2002)，《中国教育法制评论》(劳凯声，2002)，《中国教育改革决策中的认识论和方法论问题》(王伟廉，2002)，《教育政策的价值分析》(刘复兴，2003)，《高等教育政策的回顾与反思(1977—1988)》(张乐天，2008)，《外语教育政策研究探讨》(孟臻，2012)，《全球语境中双语教育的困境与出路》(王兆璟、肖聪，2013)，《教育政策价值选择与教育公平——以特殊教育政策为例的分析》(王培峰，2014)，等等。

至于教育政策分析的研究在国内目前还没有得到全面的认识和充分的重视，政策分析往往被认为是决策者的事。在教育政策分析中，缺乏体现时代精神的系统的价值分析与研究。教育政策分析理论及其研究更多地用于教育政策的解释或政策合法性的论证。教育政策分析研究者没有取得真正富有政策决策指导意义的成果，能够影响决策的政策研究成果大多出自政府及其附属机构组织，具有决策主体与研究主体趋同的特征，缺乏独立的学术或者学者角度的政策研究。对教育政策侧重于现象形态的静态描述，缺乏对教育政策本体形态探讨和对研究过程的动态研究，仅仅是对公共政策分析理论的简单借用，对于教育政策的特殊性研究反映不够。从总体上说，教育政策研究水平滞后于教育改革和发展的客观实际，决策过程也未充分发挥政策研究的参与作用。在影响教育政策活动的众多因素中，国家政治的、经济的需要常常处于决定性的地位，导致“决策程序中行政权力过大，会助长其随意性，削弱政策研究在决策过程中的作用”，而对于教育政策主体的需要和价值倾向缺乏重视与研究。至于教育政策的分析框架，孟卫青认为，“公共政策蕴含的政治性和技术性决定了教育政策分析的基本要素，只有从价值分析、内容分析和过程分析三个向度分析教育政策，才能融合教育政策研究的政治观点和技术观点，才能更全面地理解教育政策和改进、完善教育政策，并为比较教育政策研究奠定可靠的基础”。还有学者认为，内容分析、组织分析和过程分析是政策分析的三个维度。政策的内容是政策的核心，政策的组织和执行过程是政策内容在横向和纵向上的展开。

对于我国教育政策研究存在的问题，徐钦福认为教育政策研究的理论基础相对单薄，教育政策研究滞后于客观现实。研究人员缺乏前瞻性与战略性，研究力量单薄，没有形成整体的合力。教育政策研究的手段、方法和形式相对保守、封闭，研究的视角和目的有待进一步拓宽，教育政策研究缺乏立体性和多样性。

关于我国教育政策研究的未来发展。较普遍的看法是：教育部门要高度重视教育政策研究，教育部门的行政人员要在参与管理决策、执行政策的过程中，深入实际，善于调查，重视政策的研究，积极参与政策的规划、制定，不断提高政策研究水平。要建立一个健全有效的教育组织机构和政策体制、稳定并能胜任工作的专业团队、科学的工作方法、畅通的政策信息反馈渠道。

1.2.2 大学外语教学研究综述

国内外对于大学外语教学的研究主要涉及外语教学、外语教育、外语教育史、外语教学管理、语言规划等领域。文献最多的是从应用语言学的视角研究大学外语教学。

1. 语言规划与语言政策研究

一个研究领域是从社会语言学的角度研究语言规划、语言政策甚至语言教育。

在这个研究领域里，语言不仅被看做交流的工具和传承历史文化的载体，更重要的是，语言被看做对某种文化的认同，是某一民族生存发展的基础和生机。语言教育与语言教学的差别在于，语言教学将语言看作工具，而语言教育将语言看作文化；语言教学旨在教会学习者使用语言的技能，而语言教育旨在授予学习者文化。由于教育（包括语言教育）本质上是一种文化手段，无论是一个国家的统治者，还是侵入另一种文化的强势者，都会充分利用这一手段达到各自不同的目的。因此，语言教育把一个国家的语言政策以及一个民族的语言态度紧密地联系在一起。从彼得·伯克(Peter Burke)的《语言社会史》(The Social History of Language)、巴巴拉·芬奈尔(Barbara Fennel)的《英语史：社会语言学研究》(A History of English：A Sociolinguistics Approach)、迪克·雷斯(Dick Leith)的《英语社会史》(Social History of English)以及郝华特(A. P. R. Howarit)的《英语教学史》(History of English Language Teaching)这些专著中，可以清晰地看到英语从一边缘语言如何通过教育逐步成为世界上最强势的语言的过程。

2. 宏观的大学外语教学管理研究

改革开放以来，我国的大学外语教育备受关注，大学外语教育研究在教师教育、大纲设计、教材建设、教学方法、测试、办学理念、人才培养模式等方面产生了大量的专著和论文。其中包括国务院副总理李岚清的“要培养高层次、掌握专业和外语的人才”，前教育部高等教育司司长张尧学就大学外语教育管理与改革先后发表的四篇论文，譬如，“关于大学本科公共英语教学改革的再思考”、“规范管理深化改革，切实提高新建本科院校的教育质量”。教育部高等学校外语专业教学指导委员会主任委员戴炜栋就中国的外语教育包括英语专业的建设发表了很具影响力的论文，“构建具有中国特色的英语教学‘一条龙’体系”、“对我国英语专业本科教学的反思”、“谈外语专业教学评估和学科建设”、“关于面向21世纪培养复合型高级外语人才发展战略的几个问题”。教育部高等学校大学外语教学指导委员会主任委员王守仁教授发表的“关于全面加强中国英语教育的思考”、“继续推进和深化大学英语教学改革，全面提高教学质量”、“进一步推进和实施大学英语教学改革一关于《大学英语课程教学要求（试行）》的修订”。贾国栋的“宏观教学要求与微观教学实施的结合——《大学英语课程教学要求（试行）》实施效果评析”。这些文章的发表对于大学外语教育改革起到了推动作用。

3. 微观的大学外语教学研究

除了上述两个角度，近20年来的与大学英语研究相关的论文数量最多的是微观研究，主要从应用语言学的视角研究大学外语教学，也就是研究施教者如何通过各种手段、方法、措施、设备等使受教育者学会外语的过程。主要目的在于研究如何更有效地提高外语教学的绩效，着力研究大学外语教学中教师施教、学生习得的技术过程。研究的范围涉及大学英语教学内容、外语测试、文化教学、教学手段与教学模式、计算机辅助英语教学，等等。关注语言教学法，注重教学实践中存在问题的探讨，譬如，外语教学中如何遵循语言规律与语言教学规律；教材与教法的关系如何处理；各种方法和技巧如何在教学中得到有效的使用；第一、第二语言习得理论怎样在外语教学中予以应用；学得与习得如何在外语教学中操作；交际能力与认知能力如何在教学中得到和谐发展；多媒体技术在外语教学中如何开发；母语习得和二语或外语学习的异同，外语学习的听、说、读、写、译能力的培养，语言错误分析，语言测试，二语或外语学习的心理和社会文化特征，等等。这些问题的探讨在一定程度上解决了教学中的问题，本书也是从这个角度来探讨体育院校大学英语改革的出路。

4. 国内外语教学政策研究

国内对于外语教育政策还没有从政策学和教育学的视角进行专题探讨，但是外语教育政策缺失现象已经引起了外语界的注意，近年来，外语教育界开始反思大学外语教育中的价值关系和“育人”的问题。具体来讲包括人才培养模式如何兼顾国家、社会、个人三方面的需求；大学外语教育的定位问题，大学外语教育应该有怎样的培养目标；如何针对外语学科的特点，通过各种教学手段促进学生的全面发展。教与学和学与考的矛盾如何得到解决，最佳的方案是什么，等等。不少学者已经意识到外语教育政策对于外语教育的重要性。胡文仲先生发表在《外语教学与研究》的“我国外语教育规划的得与失”一文中，指出外语规划的失误或缺失会对外语教育带来负面影响。蔡基刚先生的“外语能力培养与我国外语教育政策”；张正东先生的“中国外语教育政策漫谈：外语是把双刃剑”，这些文献都谈及我国的外语教育中存在的问题，呼吁对我国的语言规划与语言教育进行宏观管理。但是这些文献都没有从教育学、政策科学等教育理论进行学术研究。此外，还有介绍国外外语教育以及外语教育政策的文献，如柯飞、傅荣的“国外外语教育政策：考察与比较”，张建伟、王克非的“德国外语教育政策研析”等。

国外对于专门的外语教育政策研究几乎没有文献，但是许多国家从各自的社会发展和需求出发，以立法的形式制定了外语教育政策。例如，美国从国家安全为取向的外语教育政策。2006年1月5日，美国总统布什发布以国家安全为直接目标的外语政策——“国家安全语言启动计划”，内容涉及国家外语能力规划、外语人口规划、语种规划、外语教育规划、外语资源利用等方面的问题。英国政府为提高全体国民外语素质发布了《外语教育发展战略》（Languages for all：Language for life—A Strategy for England），澳大利亚政府1987年颁布了迄今在国际上最有影响的语言教育政策《国家语言政策》（National Policy on Languages，简称NPL），以促进澳大利亚向多元化社会发展，把语言资源开发与利用同经济发展密切联系起来。此后，根据自身的政治、经济发展与长远的教育事业发展的需要，颁布了《澳大利亚学校国颁亚洲语言和学习策略》（The National Asian Languages and Studies in

Australian Schools Strategies，简称 NALSAS），其外语教育规划具体并具有长瞻性。

5. 我国外语教育史研究

在对我国外语教育进行历史整理的过程中产生了不少专著。1986 年上海外语教育出版社出版的付克先生著的《中国外语教育史》是有关中国外语教育历史的第一部学术专著。上海外语教育出版社分别在 1988 年和 2006 年出版了李良佑、张日升、刘犁等著的《中国英语教学史》和李传松、许宝发的《中国近现代外语教育史》。这些专著以中国近现代的英语教学历史进程为线索，通过大量的外语教育史料，包括各个时期的教学大纲、教学计划、重要的会议、政府下发的涉及外语教学的文件等对英语教学做了综合性介绍，为研究 1949 年新中国成立到 1986 年的外语教育提供了丰富的史料。但没有从当时的社会文化背景、价值取向、国家教育政策以及学生的需求等因素进行深入的探讨，缺少学理的提升。以戴炜栋先生为总主编的改革开放 30 年中国外语教育发展丛书《高校大学外语教育发展报告》、《高校外语专业教育发展报告》，以编年体和专题形式相结合的形式呈现了 1978 年至 2008 年的中国外语教育的历史。另一部关于大学英语教学改革的著作是蔡基刚先生的《大学英语教学：回顾、反思和研究》，探讨了 1985 年以来我国大学英语教学改革的历程和存在的问题。这些文献力求呈现特定时期外语教育的真实状况，主要以提高外语教学效果为目标，是围绕外语教学而展开的研究，总体上没有离开应用语言学的研究范畴。还有近几年的《中国外语教育年度报告》，分别报告了我国高等外语教育、中小学外语教育、学前外语教育、社会外语教育、外语教师教育与发展和外语教育技术的发展状况。它们能够及时帮助我们梳理、总结我国外语教育工作的经验与教训，从中发现问题，探索解决问题的新途径。这些史料都是本书的重要文献来源。

1.3 研究思路与论文框架

1.3.1 研究思路

政策学作为一门科学有其自身的客观规律性，研究大学外语教学政策的必须遵循政策研究的客观规律性。本书从教育学、政策学的现有研究成果中吸取养料构建本研究的理论基础——大学外语教育政策分析的框架，确定价值分析、过程分析和内容分析的三维度作为大学外语教育政策的分析框架。这一主线索也贯穿于本书的各个篇章，从回顾我国的大学外语教育政策的发展过程，到对照国外的外语教育政策，反思体育院校大学英语教学中存在的问题，再到构建具有“应然”的体育院校大学外语教育体系。

论文的基本思路是用大学外语教育政策分析框架回顾和反思在各个历史时期大学外语教育政策在价值取向、政策制定、执行与评价中存在的问题，从中吸取经验与教训；考察国外的外语教育政策，从中获得借鉴与启示；最后，从我国体育院校大学英语教学的实际出发，构建“应然”的大学外语教育模式，为大学英语教学改革提出了一些具体可操作的建议。

1.3.2 基本内容

从教育学和政策学的角度考察大学英语教学政策的产生背景、制定以及在国内体育院校的执行情况，回顾和反思“实然”的大学英语教学政策，用适合的大学英语教学政策分析框架，构建“应然”的中国特色的体育院校大学英语教学体系。

本书的主体由四个部分组成。第一部分是研究的出发点，是对研究对象“大学英语教学政策”这一核心概念和人类语言学习理论的研究，回答“是什么”的问题。概念是对事物本质的认识，揭示其本质特性。在分析人类语言学习理论的同时，对大学英语教学政策的内容分析、过程分析和价值分析的三维度及理论依据进行了论证，为论文的展开奠定理论基础。接着是对国外外语教育政策的研究，采用分析法和比较法归纳西方国家外语教育政策在价值取向上的相似性以及英国、荷兰、美国、新加坡、澳大利亚、德国等国的外语教育政策的差异性，总结出以立法的方式确立语言教育政策、外语教育政策制定的民主化程序、决策与执行机制、外语教育的多语种选择、外语教育起始年龄与大学外语教育概况以及外语教学资源的充分利用等值得借鉴之处。随后，本书对我国大学英语教学政策进行了回顾与反思，是本源研究，是对大学英语教学的进一步追问，寻“根”究“底”，回答“到底为什么”的问题。本书从大学英语教学政策产生的过程分析、文本分析以及价值分析三方面探讨我国大学英语教学政策的发展途径，客观地认识和分析决策的时代弊病以及实践中的失误。我国的大学外语教学政策深受政治、经济、文化的影响，在价值取向上，存在重视社会价值、忽视个人价值的现象。对三次修订的《大学英语教学大纲》以及后来出台的《大学英语课程教学要求》进行了文本分析，对“十年大学英语教学改革”中政策的产生、实施，尝试着做了一定的过程分析，重现了这一时期的大学外语教育政策的价值取向、大学外语教育政策制定与执行实践中的各种矛盾与冲突。

第二部分是改革开放以后在教学政策指导下的大学英语教学模式研究，从教学模式的概念出发，分析了历时的以教师为中心的教学模式到以教师为主导学生为主体的合作教学模式的转变，再到以教师为主导以学生为主体的多媒体教学模式，分析了三种模式各自的优缺点，提出在三种模式各自优势的基础上，互相弥补不足，从而形成更为有效的大学公共英语教学模式的探索。接着文章分析了在国内体育院校大学英语教学中并存的五种不同的教学模式，指出大学英语教学模式不应该是绝对定型的教学模式，教师应该根据教学对象，学习目的和教学内容来选择合适的教学模式，或者扬长避短，使用几种教学模式的组合。接着文章进行了新型教学模式的探索，分析了校外英语培训、自主式教学模式、网络教学模式以及网络环境下的自主式教学模式的产生、发展，以及存在的问题，以寻求新型语言教学模式对体育院校大学英语教学改革的参考与借鉴。随后笔者重点分析了当今最流行的翻转课堂在大学英语教学改革的运用，从国内外成功的翻转课堂的案例分析翻转课堂的关键环节和模型的构建，并且陈述了翻转课堂在武汉体育学院进行的实证研究的研究结果。

第三部分是全书的核心部分，是对策研究，旨在回答“怎么办”的问题。针对大学英语教学政策在体育院校大学英语执行中的突出问题，如教学目的单一化、教学模式呆板化、教学内容非实用化、教学主体非专注化等问题，并提出对应的解决措施和方法。

1.4 研究方法与创新意义

1.4.1 研究方法

本书主要采取“文献资料法”、“案例分析法”、“比较研究法”、“历史法”和“多学科研究法”等研究方法。

（1）文献资料法。文献资料法主要指搜集、鉴别、整理文献，并通过对文献的研究，形成对事实科学认识的方法。借鉴或者批判已有成果，用来表达本书的意图，是本论文写作中采用的主要方法。本论文收集了较详尽的关于大学外语教育政策的历史文件、会议纪要以及各种相关的论文与专著以及历年来有关教育政策研究论文、论著。

（2）案例分析法。这也是本书运用得比较多的研究方法，如文中分析了国外外语教育政策，对英国、美国、澳大利亚、荷兰、新加坡和德国的外语教育政策的一些典型特征作了较全面、深入的考察与分析；对“十年大学英语教学改革”作了过程分析，详细分析了“十年大学英语教学改革”的历史背景和发展过程，以使我们更为清晰地了解大学外语教育政策的发展脉络与现状；文章还对已有的翻转课堂的成功案例进行了分析，以期构建合理的翻转课堂模式。

（3）比较研究法。比较研究法是根据一定的标准，把彼此有某些联系的事物放在一起进行考察，寻找其异同，以把握研究对象所特有的质的规定性。本书涉及四个方面的比较：纵向比较、横向比较和文本比较。纵向比较——我国社会发展不同时期的大学外语教育政策；横向比较——比较社会发展同时期出现的不同国别的外语教育政策；对大学外语教育纲领性文本《大学英语教学大纲》三个文本和《大学英语课程教学要求》进行比较研究，分析各个文本的优势与弊病，以此揭示大学外语教育政策发展和变化的轨迹。

（4）历史法。历史具有反映过去和透视未来的功能。大学外语教育实践是一个动态的、渐进发展的历史过程。本书对大学外语教育政策的回顾与反思，运用历史方法对大学外语教育的发展历程、各个历史时期的外语教育政策的成因及影响进行研究，在历史与逻辑相统一的方法指导下，透视外语教育政策的制定、执行等活动，反思大学外语教育政策中存在的问题。

（5）多学科研究法。根据需要采用其他学科的术语和概念对大学外语教育政策进行分析，主要包括教育学、政策学、语言学等学科。

1.4.2 创新意义

国内对外语教育政策的研究不少，利用中国知网搜寻“中国期刊全文数据库”从2005年到2016年为止的论文，输入“外语教育政策”精确搜索，有730篇题目相关的文章，但大多数是定性思辨，从语言学的角度对外语教育提出建议。没有跨科目、跨系统的理性研究。而输入“大学外语教育政策”没有找到相关的文献。在当当网的书籍电子寻找栏，输入“外语教育政策”，没有查到专门外语教育政策的专著。论文的选题、研究方法和涉及的内容较新颖，具体包括以下几个方面。

创新点一：研究方法的创新。本论文采用了文献资料法、案例分析法、比较法、历史法这几种较常用的研究方法以外，还尝试着借助多学科研究法分析大学外语教育政策文本，探究其成因。

创新点二：用政策科学的视角探讨大学外语教育政策中的问题，确立内容分析、过程分析和价值分析作为大学外语教育政策的分析框架，从而能较全面、较准确地了解大学外语教育政策的发展过程。

创新点三：研究内容的创新。从政策学角度入手，分析大学外语政策在体育院校的执行情况，以期构建“应然”的体育院校新型大学外语教育模式。

第2章 人类语言学习理论与外语教学政策研究

2.1 人类学习语言的理论

语言学是一门以人类语言为研究对象的学科。美国加州旧金山州立大学的语言学教授 H. D. Brown 的著作《语言学习与语言教学的原则》(*Principles of Language Learning and Teaching*) 是一本关于语言教学的重要理论教材。该著作系统地总结了语言和语言学习的规律，并比较了第一语言习得与第二语习得的异同，以揭示对语言学习的影响的诸多影响因素。

语言学理论从创立至今是一个发展和创新的过程。美国语言学家克拉申(Stephen Krashen) 在20世纪70年代提出了“语言习得”的理论。“语言习得”理论认为：人们主要通过两种方式来掌握某一种语言：一种方式是习得(Acquisition)，另外一种方式是学习 (Learning)，“习得”是指语言学习者在同外界的交流中，有意识地学习和理解语言，并在潜移默化之中，流利且正确地使用对象语言；而“学习”指语言学习者在同外界的交流中，有意识地研究并理解对象语言。Krashen 的“监控假说”认为，通过“习得”而掌握对象语言的人，能够轻松流利地使用该语言进行沟通与交流；然而通过“学习”而掌握某种对象语言的人，就要依赖于许多因素。绳立平等研究表明，在现代外语的学习过程中，学习者是主动的创造者，而不是被动的接受者，而教师则是语言学习的管理者。减少性研究表明，在“语言习得”阶段，学习语言是一个过程，在学习过程中学习者要提高自己的语言水平，必须积累大量的语言材料和语言词汇量。这些研究表明，从语言的掌握规律来看，语言学习是一个互动两方面的过程，任何单方面地靠老师教学生接受教学等的教学模式和教学方法都不会得到很好的效果。因此，研究人类学习语言的规律对帮助我们进行大学公共英语教学模式的研究，对如何进行大学英语教学有很大帮助。

2.2 大学英语教学的理论

现代英语学习是强调培养交际语言教学与交际的能力，强调既要重视语言的功能，又要重视正确的语言形式；主张建立一个能够培养学生自主创新思维的语言交际环境。中南大学吴玲英教授指出大学英语教学规律的重要性，强调要保持教学规律的同时要注意几个方面：明确的目的，间接的兴趣以及合理的活动组织。这些研究结果表明，在大学英语教学中，教学的规律都必须坚持教与学之间的互动，彼此相互促进。这与美国本土的语言教学最大的特点不谋而合，美国在2小时以上的课程中，教学人员一般只需讲解一小时左右，剩下的时间来答疑互问。这充分说明了作为语言教学与大学英语学习的教学规律是离不开师生互动的，对师生互动的教学规律进行深入的研究和分析，对我们研究大学公共英语教学模式改革的动力有很大的现实意义。

2.2.1 语言的社会建构主义理论

语言的社会建构理论是集哲学的语言意义建构主义、人本主义心理学、认知主义的信息加工理论和社会学的社会互动理论为一体的教育学说。它是建立在各学科理性内核理论的基础上，来完善自己的理论体系的。我们要研究大学英语教学模式的改革就必须研究语言的社会建构理论。简单说来，社会建构主义教育论的要义就是：知识是由学习者个人建构的，而不是来自外部的注入。这种建构发生在与他人沟通的环境中，是社会互动的结果。因此，有效的教育是以学习者个人主动理解为基础，教师作为中介者应为学生学习者提供一种有个人意义的学习机会和学习体验，由学习者建构自己的知识，从而学会学习、独立思考和独立解决问题，为终身教育打下基础。社会建构主义对语言教学有特殊的意义。这是因为，在其他学科中，语言只是一种学习工具，但对于语言学习，语言不仅是一种工具，更是学习的目的。作为一种学习工具，语言本身就是一个社会建构的过程，它是社会建构的特征，更是社会的属性。但作为学习语言的目的，语言学习是建构个人知识，因为知识是语言的基础，知识的心理和外部的知识表达是以语言为媒介的。因此，语言学习不仅要学习语言，更重要的是要找到它的社会价值，社会建构主义理论对于英语教育的启示也比较多。

首先，英语教学的主要目的是培养学生的语言能力，而不仅仅是语言知识的获取。传统的教育观是获取知识和学习，社会建构主义认为能力比知识更重要，有能力才能获得知识。当然，知识是能力的重要基础。学习是一个终身的过程，而学校只是其中一个阶段。如果你想在离开学校后继续学习，学习者就必须有独立的学习能力，和独立解决问题的能力。因此，教师不仅要帮助学生学习知识，更要帮助他们学习各种各样的学习方法和策略，培养他们成为自主学习者和独立思考者。语言学习更是如此，语言是有生命的，只有不断地学习才能跟上快速发展的语言。此外，学习使用社会规则的语言也不是在学校内能够完成的。

其次，学习是通过人际互动发生在一个有意义的周围环境中。任何学习都必然存在于特定的环境中，是通过与他人的互动来实现的。互动的本质和意义是成功学习的关键，尤其是语言学习，因为语言学习的一个重要组成部分，是语言学习的目的是要用语言来进行互动交流。社会建构主义强调情境教学或抛锚式教学。另外，这里的环境不仅是指课堂教学环境，也指的是社会文化、教育、家庭和人际关系，甚至是心理环境，所以教师要特别注意教学活动对学习者的情感和行为因素的影响。

再次，学习者应该以一种有意义的方式来学习个人注重的知识。因为学习者在原有知识的基础上，对新的学习材料进行了积极的理解和阐释，从而让自己的学习和吸收这些个人的价值观和具有个人意义的东西。这个学习过程不一定是有意识的，但学习者的差异使他们将不同的个人特征、不同的学习方法和对学习环境和学习任务不同的理解带入学习过程之中，因此，学习个结果总是因人而异。

最后，教师是学生学习的参与者，而不是教学活动的主者。在社会建构主义的课堂，教师是实施者，参与者，不是领导者，也不是传统意义上的传授知识者。通过教师与学习者的互动，为学习者提供学习的机会和学习的经验，要达到主动学习的目的，从而创造出有利于构建个人意义的氛围和学习环境，增强学习者自主、自控和自我的责任感。

2.2.2 语言信息加工理论

大学英语学习实际上是一种认知加工的非自动信息处理过程。此过程能分为五个阶段：首先是输入，随后是注意，然后是分析和记忆，最后是输出。认知心理学家认为，大脑处理信息的方式有两种，一种由下而上和另外一种由上而下的信息处理模式。由下而上的模型是强调细节的特征，从低级到高级，在文字解码的过程，最终获得信息。由上而下的模式突出识别整体结构，强调长期记忆的作用和理解中背景知识的经验，是一个假设、测试和证明过程。这两种方式相互交互，相互联系并同时作用。从而在不同层次的词汇、句法和语篇上共同促进学习者对输入信息的理解。从前获得的知识经验，也叫“图式”，是理解输入信息的关键。如果图式丰富而清晰，假定合乎情理，则现实的识别速度加快，深刻理解。相反，如果模式是不灵活的，模糊识别则是缓慢的，理解会发生障碍。

因此，学习者获得信息不是一个被动的机械加工过程，而是一个复杂的心理过程和主动的思维过程。教师的任务是组织学生对信息的快速准确的理解，逐步培养学生的理解能力。但并非一切都靠教师在课堂上的讲授，没有学生参与的大学公共英语课堂教学模式，实际上是不利于学生掌握英语学习规律。从语言的信息处理理论，我们可以很好地解释这个问题，这也表明，我国自改革开放以来，很长一段时间以教师为中心的大学公共英语教学模式是不可取的。

此外，从信息论的角度看，听力、阅读和情景感知是语言的积累，是信息的输入，而写作是综合运用词汇和内在化的语法规则的信息输出。要学好英语首先要有足够丰富的信息输入，输入是输出的前提条件。要实现有效的课堂互动，必须增加语言信息输入。根据英国语言学家的测试，如果一个人的词汇量不足6 000，就难以进行有效的沟通。因此，继续强调阅读和语言的输入是正确的。信息的输入要符合大学生的年龄特征，要具有创新的、快速和专业的特点。让学生感受到整个教学过程的强烈节奏和速度感，他们就会主动接受信息的输入和体验的氛围中的喜悦。教师输出的信息应贴近生活，贴近行业的最新动态发展，促进培养学生口头表达的能力，使课堂互动更具有真实性和有效性。

传统大学英语教学模式是在“听、读、说、写”的过程中体现出来的，但是语言的主要功能是交流。也就是说，外语作为一种语言交流工具，更重要的是如何灵活运用。只有在语言知识的使用和沟通过程中，知识才将继续被消化和吸收并内化为活。如果只是强调基础，强调阅读，语言的输入和积累，没有交流，没有输出，就会影响学生的学习兴趣和动机。当学生发现通过长期积累的学习语言知识不能转化为现实实际能力，他们会有非常强烈的失望感。在传统的教学模式下，从小学、中学、大学、硕士、博士，一直强调语言的输入，是阅读教学，在这种学习模式下，大学生学习英语的兴趣下降，厌学、逃学现象比较严重。因为他们已经拥有了一定的阅读和语言能力，并且有强烈的沟通和语言运用的欲望，最需要的是使用语言的机会，然而，由于教学课时的限制和教学大纲的限制，大学英语教师在以教师为中心的传统教学模式里，教师没有机会与学生进行充分的互动。

因此，在大学里必须要改变传统的教学模式，突出培养学生的写作和语言的能力，让他们在英语学习中学习专业知识。实践证明，到了某个特定阶段，外语学习只有同其他专业知识的学习结合起来，转变成为学习其他知识的工具，才能保持学习者的热情继续下去。

2.3 国外外语教育政策研究

西方传统的学术自由与尊重大学多元功能的价值取向所倡导的外语教育政策体现在各国政府以增强学生的个人价值和追求的社会价值的外语教育方面。教育培养的终极目的是为了一个完全的人，这是西方大学精神观念和制度的根本，而自由是培养完全的人不可或缺的条件。维护大学自治与学术自由，是以学术自由理念为基础，培养具有学习自由精神的青年一代，尊重学生的学习自由。学术自由，虽然在不同的时代，具有不同的时代特征，但其基本理念包含了教师和学生的学术自由，学习自由的这两个方面。大学的使命是教导学生探索真理、了解真相，使具备学术自由和探索自由的精神。外语教育的课程设置上就能表现这种对学生学习自由的尊重，给学生充分自由来选择语言和课程。

语言政策和语言规划属于政府行为，是国家干预的主要手段，对国家的发展和稳定、民族团结、经济有重要影响。虽然国家的政治制度、社会文化、历史背景、教育管理模式完全不同，但都充分认识到外语教育的重要性，各国从自身的国情出发，制定相应的外语教学教育政策。

2.3.1 英国的外语教育政策

英国是一个古老的民族，它有着悠久而辉煌的历史，在它的发展过程中汇聚了全人类的精华和世界各地的移民，因此它是一个多元文化的国家。伦敦是一个国际化的城市，有超过300多种语言。因此，在英国的外语教育的发展不仅要考虑学习交流与许多欧洲邻国的语言，如法语，德语，西班牙语，意大利语，也应考虑其他主要语言，如中文，俄语和日语。一方面，可以促使英国在经济、贸易、文化交流方面与世界其他国家进行交流，另一方面，促进了英国国内的社会凝聚力（Community Cohesion），增强了民族间的相互了解。但以前有一个英语学习误区，大多数英国人认为，由于世界许多国家和地区都讲英语，即使是不讲英语的国家，也以英语作为世界上最广泛使用的语言来进行国际交流，英国人本身没有学习其他国家的语言的必要。英国公司和公司在国际商务活动中缺少可以熟练使用外语的商务人员，这已经是一个不争的事实，即使是这种情况，英国企业或企业对员工的外语水平几乎没有要求。

随着经济一体化的不断推进，英国政府和英国国民意识到，只会本国的母语英语是不够的。近年来，提高教育质量和公民技能成为英国政府工作的重点，其中一项重要的措施就是语言教育体系的改革，提高了外语教育的水平。这里提及的"语言教育"包括母语教育和外语教育。特别是在英国教育部发布的语言教育政策的文件中，主要是使用"语言"（Languages），而不是"外语"（Foreign Languages）。主要是由于英国人的多种语言并存的现象，在英国人的眼中，在英国，葡萄牙人定居在英国讲的葡萄牙语就并不适合称为外语。但在许多情况下，政策文件中还是使用"外语"或"现代外语"（Modern Foreign Languages）。例如，在20世纪末，英国重新颁布了两个语言教学文件：《全国英语教学大纲》（The National Curriculum for England：English）和《全国外语教学大纲》（The National Curriculum for England：Modern Foreign Languages）。而真正引来国民关注并带来外语教育改革的是《外语教育发展战略》的颁布，它是在英国政府重新认识外语及外语教育对国家、社会、个人的价值和意义的基础上提出来的。这个语言教育的提案由英国政府部门首先提出建议，再由专家小组提出的具体方案，然后提交给政府部门审批，最后，以立法的形式成为外语教育政策。

在2002年英国教育和技能教育部（Department for Education and Skills）颁布了一个题为"语言学习"（Language Learning）的文件，该文件从英国面临的形势和挑战，提出了“语言学习”是英国解决整个社会的问题，从而使“语言学习”这一普通问题上升为社会亟待解决的政策问题。从宏观角度看“语言学习”提出了外语教育改革的目标和总体方案，目的是在十年内提高英国国民的外语语言素质。

自那时以来，教育和技能部成立了一个全国语言教育指导小组（Languages National Steering Group），成员包括各方面的人，教育专家和语言学家、教育管理人员、教师代表等，任务是根据“语言学习”的战略规划，制订具体的实施计划。2002年，该指导小组已向教育和技能部提出一份提案，即《外语教育发展战略》，旨在提高英国国民的外语语言素质。

这份《外语教育发展战略》的目标首先是英国国家重新认识外语和外语教育的意义和价值，采取措施使公民掌握语言技能并且得到社会各界的认可，包括为公民提供各种机会使用外语技能；整合全社会的外语学习资源，为儿童、青少年和成人提供更多的外语学习资源，修订外语课程计划，改革外语教育体系。通过促进青少年和儿童外语学习，加强全社会对外语教育的关注，激发国民学习外语的积极性和动力，从而全面提高英国外语语言的素质。

《外语教育发展战略》确定了英国外语教育发展战略的具体目标。目标一是到2012年为所有学生开设至少一门外语课程；目标二是通过三年的努力，到2005年，专业语言大学（Specialist Language Colleges）至少达到200所以上；目标三是通过继续教育、高等教育和就业培训进行外语教学和培训，使学习外语的人数大大提高；目标四是建立外语技能认证机制，使公民的外语能力得到认证；目标五是建立区域性和地方的外语教学网络，提高小学生的外语教学水平；目标六是增加外语教师和外国语言教育的人力资源，最终使整体外语素质得到提高。从2003年开始英国人的《外语教育发展战略》进入实施阶段。

《外语教育发展战略》的颁布以及该《战略》所涉及的内容和目标反映英国政府已认识到促进外语教育在国家发展中起着至关重要的作用。首先，只有学习外语才能有效参与国际经济活动，因为在国际交流中，不是所有人都能讲英语或能讲纯正的英语，只有英国人自己有熟练的外语技能，才能从被动转变为主动，才能积极地参与经济和贸易活动。其次，外语教育有助于国家的安全与稳定，在多元文化的国家，文化的多样性和语言的多样性，有利于英语群体和其他语言群体和文化群体真正融合为一个大家庭。

英国政府清楚地认识到，语言学习有利于促进个人发展。语言是交际工具，也是思维的工具。学习外语有助于思维和认知能力的发展。通过学习一门外语，探究其他民族和民族传统文化，可以更深刻地了解人类的文化和传统，包括这个国家的文化和传统。外语课程和其他课程，不仅提高学生的语言技能，也是培养人的全面发展不可或缺的一部分。小学阶段是语言发展的重要阶段，应为幼儿提供高质量的外语学习环境，在这个关键阶段，最有可能挖掘自己的学习潜能，培养他们对外语学习的兴趣。

因此，英国政府给学生提供了多种学习语言的机会，但这不是强制性的学习语言。政府要求所有的小学都教授英语课程和好多种语种的外语课程，使学生能充分接触到各种语言，找到自己的天赋和兴趣，为学生的未来发展做好准备。外语课程不是必修课，是否学习、学多少、学什么，由学生自己选择。中学外语学习也注重学生个体差异，对于外语课程有困难的学生，可以不用学习外语课程，而感兴趣的学生可以根据自己的需要去学习外语课程。这样外语教学资源可以更有效地被使用，那些对外语感兴趣和拥有更多语言潜能的人才可以得到更多的外语教师的关心和指导。

2.3.2 澳大利亚的语言政策

英联邦国家澳大利亚的教育模式与其母体英国有许多相似之处。在中小学外语课程实践中没有太大的区别。它还设立了小学外语班，但不作为考核对象。中学生可以根据自己的兴趣选择一门或两门外语作为必修课。有许多语言可供选择，包括法语、德语、意大利语、中文、日语、韩语、西班牙语、阿拉伯语等。澳大利亚土著语言资源十分丰富，原住民使用的语言就有150种之多，移民使用的语言有70~100种。澳大利亚是世界上第一个制定和实施多语政策的以英语为母语的国家。为推动多语言教育，澳大利亚在1987年出台了《国家语言政策》(National Policy on Languages，简称NPL)。这是由联邦教育部发布的一个正式的和全面的国家语言政策，是澳大利亚历史上首次正式的官方语言政策，也使整个社会的澳大利亚终止了单一的语言（英语）的历史。它发布的多语言和多元文化政策对澳大利亚产生了很大的影响，国家语言政策选择了阿拉伯语、中文、英语、法语、德语、希腊语、印度尼西亚语、意大利语、日语、西班牙语为澳大利亚的国家重点外语。1991年颁布的《国家语言及识字政策》增加了土著语言、韩语、俄语、泰国、越南5种语言，并从14种语言中规定了8种语言作为国家教育的重点。

从20世纪80年代中期开始，澳大利亚贸易和经济转向亚洲。随着澳大利亚政府未来的命运和与亚洲国家的联系在一起，澳大利亚联邦政府开始重新计划外语教育政策。在澳大利亚，一个重要的语言教育政策是《澳大利亚学校国颁亚洲语言与学习策略》(The National Asian Languages and Studies in Australian Schools Strategies，简称NALSAS)。政策确定了四种目标语言为汉语、韩语、日语和印度尼西亚语，以及国家为亚洲主要语言教育机构提供资金，使澳大利亚外语学习的扩展到多种亚洲语言，使学习亚洲语言蔚然成风。1988年澳大利亚政府颁布了外语课程框架《澳大利亚语言水平计划》(The Australian Languages Levels Project)。它既涵盖了语言共性教学，也包括了教师的发展，教学模式和评估手段。《完全指南》(All Guidelines)对于主要语言课程，尤其对亚洲语言教学改革和发展具有一定的指导意义。外语教育在语言的选择上，体现了澳大利亚政府对外语教育的发展和社会发展和教育理念的紧密结合。澳大利亚政府认为，所有的语言都是平等的，语言对学生的社会、认知、语言、文化等方面的知识和技能有着同样的影响。语言的选择和决定权在于各州（区）和所属的学校，他们可以根据当地实际情况来选择和决定优先发展的语言，而学生可以在学校提供的几种语言中选择自己感兴趣的语言，这种政府指导，学生自己选择的做法充分体现了尊重个性发展的人文精神。另一方面，外语教育在外语教学中的选择也反映了国民经济和社会发展的需要，具有明显的经济偏向。例如，把汉语、韩语、日语和印度尼西亚语列为学习外语的"关键亚洲语言"是因为澳大利亚与中国、日本和东南亚国家之间的贸易关系密切程度超过了欧洲和美国的国家。把重点放在培养跨文化意识的外语教育政策落实上，结合课堂内外，经常开展培养学生跨文化意识的课外活动，举办多元文化节就是一个很好的例子。在这一活动中，充分利用澳大利亚的多民族、多元文化的特色，由学生现场烹饪有民族特色的食物，讲解风俗习惯，用本族语进行表演等。与其他民族的联系，学生在娱乐中提高其他民族语言的应用和交流能力，同时也提高了学习外语的兴趣。

澳大利亚的外语教育政策体现了外语教育的目的，即要有利于学生的文化、个性、教育和知识的发展；有利于提高对外国学生的敏感程度和理解及运用能力；有利于引导学生欣赏其他语言和文化的价值和娱乐价值；有利于国家经济、外交战略的发展。因此，澳洲的外语教育政策是根据国家政治经济发展的需要和长远发展的教育和外语教育的规划而制定的，是具体的、明确的和长期的教育政策。

澳大利亚是率先开展用语言教育政策来推动各种语言教育发展的英语国家，其语言教育政策的制定和实施是成功和富有成效的，极大地促进了国家民族融合的文化多样性，改变了它过去的"单一英语"强制性政策，因为它希望"提升国际竞争力"，这一政策一直得到语言学家和政界人士的高度评价。

2.3.3 美国的外语教育政策

美国人崇尚自由、尊重个性、追求个人成功，美国教育把教育的起点和终点设定为人类的发展。但它也是一个世界政治和经济强国，一直在强权政治中称霸世界。它的外语教育政策在突出个人发展的同时，其另一重点放在国家安全方面。"目前美国在学生个人价值观的导向上，是从个人需要目标向社会需要目标倾斜，从个性传统向共性传统倾斜，从个人主义向利他主义倾斜"。"学校价值取向上……仍然是以多样化来满足每个求学者个人利益、需求、兴趣，以共性化来满足作为'民族整体'的美国社会的利益、需要、期望及教育战略。"从美国外交政策的历史上可以窥出它在外交政策上对国家安全战略的外交政策，包括政治、经济、军事和外交安全等方面的安全。首先是1958年颁布的《国防教育法》，前苏联在科技和政治领域的成功，严重威胁了美国在全球的政治地位和科学地位。美国在此时制定《国防教育法》，并首次从国防战略高度，将外语教学提高到数学和其他学科教育的同一重要地位。

在《国防教育法》的促动下，1965 年颁布的《高等教育法》进一步加强了美国外语教育对推动美国未来经济发展所起的至关重要的作用。这一行为鼓励美国企业界和外语教育计划建立相互促进的关系，以最大限度地提高国家的经济利益。美国经常通过立法的途径来指导和控制外国语教育经费。1984 年，美国通过《经济安全教育法》的颁布，授权联邦政府资助外语教学。1991 年美国国会通过《国家安全教育法案》(National Security Education Act) 资助美国的本科生和研究生的外语学习和国际问题的研究。1996 年，美国外语教学委员会(ACTEL)公布了《外语学习标准：为 21 世纪作准备》(Standards for Foreign Language Learning：Preparing for the 21st Century)，它是在美国教育部和美国国家人文学科捐赠基金会的资助下，由以美国外语教育委员会为首成立的工作组耗时三年开发出来的，内容涵盖全美国所有学生在 1~12 年级外语学习标准。1999 年修改后的《外语学习标准》是学习标准对大学外语教学的延伸。这是美国教育史上第一次大规模发展的国家学科学习标准，体现了美国政府认识到国家外语素质对经济竞争和国家安全的重要性和紧迫感。

2001 年"9.11"事件发生后，美国国家安全意识更为强烈，美国发动了一次全球反恐战争，政府迫切需要加强国民对外语和文化的了解。因此，美国的外语教育政策和法律有其突出的特点：以国家安全为目标。2002 年 5 月，美国国际教育委员会发布了《超越 9.11：国际教育的国家综合政策》(Beyond 9.11：A Comprehensive National Policy of International Education) 的报告，主要内容包括：加强外语教育，培养跨文化素养，培养有熟练外语技能和国际视野的公民和工人；联邦政府将大力资助大学的外语教育，培育更多的具有高外语水平和能力的专家。

2006 年美国经济发展委员会（CED）发布的一份报告涉及外国语言教育和语言规划，即《引领全球的教育：国际研究与外语教育对美国经济和国家安全的重要性》(Education for Global Leadership：The Importance of International Studies and Foreign Language Education for U. S. Economic and National Security)。美国的外语教育政策充分体现了美国政府将外语教育作为提高国际竞争力、促进国家发展和保障国家安全的重要战略目标。

2.3.4 荷兰的外语教育政策

荷兰高度重视外语教育，与其国家自然环境有着密切的关系。荷兰国土面积小，原料缺乏，不利于大型工业的发展，农业相对落后。但地理位置位于在许多大国家的中间，有利于其国际贸易的发展。因此，促进经济发展一直是荷兰政府制定外语教育政策的推动力。荷兰首先在公共大学外语教学中，在海牙拉丁语学院，在海牙拉丁学校，以满足社会对外语的需求和“二师”的建立。海牙拉丁文学院是荷兰最先在公立学院中教授外语的，当时的海牙拉丁文学院成立了“第二学部”来满足社会对外语的需求。

荷兰对外贸易和航运业的发展迫使荷兰政府和商界比其他任何欧洲国家更清楚地认识到自己对外语能力的依赖，为满足在经济发展中对外语能力的需求，荷兰政府在不同的历史时期，制定了不同的外语教育政策。《1806年法案》揭开了荷兰政府在基础教育阶段开设的外语教学法第一幕。荷兰市政府颁布的《1968年大法案》（The Mammoth Act of 1968）规定，学生可以选择两至三种语言作为考试科目，但不需要参加所有的语言测试。荷兰的“国家行动计划”要求，学生应该学习多种外国语言，但可以只参加其中一部分的考试，如专门听力测试或专门阅读水平的测试。荷兰外语教育政策已经走过了漫长的历史时期，它的动力是适应社会经济发展的需要。外语教育的跨越式发展政策的推广是在20世纪末荷兰政府制定的“荷兰国家行动计划”（The Dutch National Action Programme），即荷兰外语教育和语言应用的国家行动计划，目标是建立一个连贯的、统一的外语教育的行动计划，以满足社会和经济发展对外语能力的需要。国家行动计划共提出了三十四项具体政策，涉及八个领域，是一个涉及范围广、目标明确、措施具体的外语教育规划，可以说是外语教育政策中的经典。

根据国家行动计划，在中学阶段，学生应该学习更多的外语。在中学教育初级阶段，学生必须学习三种语言，英语、德语和法语。虽然这一规定很难，但也反映了荷兰教育“以人为本”的理念，学生有自由选择的语言，在课程结束时，学生还可以自由选择语言技能测试，如测试听力或阅读测试。如果学生的学习水平达到了预期的学习标准，就可以选择放弃某一类语言，即三外语学习的机会，学生可以通过一定的时间学习，选择自己感兴趣的外语。政府以外语教育的方式，激发学生学习外语的积极性，而不是采取强制手段。

针对政府部门和各行各业中缺乏外语的人才的困境，“国家行动计划”政府和各行各业协作，共同加强外语培训，采取积极措施，鼓励员工学习外语，提高外语水平。它也要求国民关注少数民族语言和中等职业中的英语教育。从实践的角度看，语言旁听等灵活的学习方式，提高了国民语言的应用能力，因此，“荷兰国家行动计划”是一种积极灵活的外语教育政策。

与英国的《外语教育发展战略》的制定如出一辙，荷兰的“国家行动计划”也是在Van Els领导下的“工作小组”（The Task Force）制定的。组成的成员的来源是非常广泛的，包括荷兰语言协会，荷兰语言教师协会，教育支持服务机构，非政府资助的教育机构，甚至来自银行、冶金等工业和商业部门的代表。这一构成实际上是把外语教育的提供者、使用者以及政策制定者等各方面的意见汇集在一起，在制定外语教育计划时，从市场和行业的实际需求出发，使人才的培养模式和规格和数量尽可能地满足社会需求。外语教育规划涉及小学教育、中学教育和高等教育的纵向层面；横向关系涉及普通的英语教育、职业教育、对外贸易、英语教育和商务英语，荷兰国家行动计划的确是一个卓有成效而又注重实际的外语教育政策的突出成果。

2.3.5 新加坡的语言政策

新加坡的国土面积只有600平方公里，人口分为四大群体，包括华人、马来人、印度人和欧裔人。据统计，新加坡的人口中华人约占75%，马来人占15%，印度人占7%左右，另外还有约3%的欧洲血统的人。新加坡人的母语与社会通用语言数目极多，四语言群体都有或多或少的方言本身。据1957年的人口普查显示，新加坡本地人使用的母语有25种之多，因此，新加坡有种族博览会和语言（方言）博览会之称。新加坡运用语言政策，构建和谐社会，创造民族精神，是语言政策成功发展的典范。新加坡政府在语言政策制定后又制定了一项语言计划，包括“语言文本计划”和“语言地位计划”。在“语言地位计划”方面，重点学习的四种语言的地位始终跟政治、经济发展的需要联系在一起。

新加坡是一个多种族、多宗教、多信仰、多元文化的国家，这也注定了新加坡民族语言的多元性。新加坡实施多语和双语并存的语言政策，多语言共存是因为大多数新加坡各族说自己本民族的语言，所以英语、中文（普通话）、马来语和泰米尔语（Tamil）都被列为官方语言。“双语制”是因为新加坡政府规定在中小学开展双语教学，即英语和母语教学。因为没有多少人能理解其他民族的语言，在民族间的交流和交流中困难，容易导致社会的不稳定。为了打破种族之间的语言障碍，就必须建立一个共同语言，以跨越四种语言，为民族团结搭建桥梁。新加坡是英国殖民地有将近140年的时间，英语一直是新加坡的政治、法律和商业的用语。从1967年年初开始，新加坡政府决定把英语作为共同语言。由于有多文化、多种族、价值观复杂的国情，新加坡政府在语言政策上采取了谨慎的态度。目前，新加坡的语言政策可以说是十分详尽的：英语是工作语言，马来语是普通话的象征，四种官方语言同时并存。新加坡在多种语言的同时，坚持双语教育，即所有学生应作为通用语言的英语，学习母语的学习，其目的当然是为了保护传统文化。但事实上，随着新加坡对外贸易和世界经济一体化的不断发展，英语在国际社会中发挥着越来越重要的作用，新加坡的双语教育政策实质是“双语教育，英语为本”。

新加坡政府成功地运用了语言政策构建了一个民族的精神，英语是新加坡政府的法定行政语言，通过学习英语和认同英语文化来淡化各民族移民和他们的后裔移居国外的身份和归属感。因为英语为基础的身份超越了民族，它有可能在新加坡这样多种族的社会中培育民族身份，成为新加坡民族身份的认同象征。在学习英语这一中性语言过程中，拉近了不同民族之间的感情，有利于培养公民的民族意识，增强民族认同感和新加坡归属感。人们可以首先承认，“我是新加坡人”，然后再承认“华人或马来人、印度族人”。

2.3.6 德国的语言政策

德国顺应时代发展的历史潮流，以及本国工农业生产的快速发展而产生的对各种外语人才的需求，在 1964 年颁布了《汉堡协议》(Hamburger Abkommen)，规定英语作为第一语言，其课程是必修课，再根据不同学校的类型来规定对第二外语是必修课还是选修课。协议指出学习外语同学德语和数学课程同样重要，是中学最重要的基础课程。学习外语是社会经济发展的需要，也是欧洲文化交流的需要。本协议在社会经济发展过程中历经经修订和完善，至今已修改五次。

德意志联邦共和国的高等学校有高度的自主权。这种自主权是由联邦共和国的基本法律对其进行保护的，是德国高等学校教学自由、科学研究自由和学习自由的基本法律保障。在学习和考试系统中，学生可以选择参加课程，并在学习过程中决定每一年的学习重点。

2.4 国内大学英语教学政策述评

2.4.1 大学英语教学政策的发展历程

大学英语教学政策的产生和发展不仅受到学生的发展现状和发展需求的影响，也受到社会经济发展现状和发展需要的影响。对大学英语教学和人的价值的不同认识导致不同的人有不同的大学英语教学价值观，不同价值取向的大学英语教学价值取向导致了不同的大学外语教育行为。注重社会发展还是个体学生的发展，体现了不同的大学英语教学价值观的价值取向，并带来了不同的教育行为。从教育的内在需要、个体需要和社会三个方面入手，可以分为学生的本位价值观、社会本位价值观和教育知识的本位价值观。我国大学外语教育的价值取向虽然在不同的历史时期，呈现出不同的特点，但总体上都是适应社会政治、经济、文化为核心的需要的产物。

我国大学的发展是近代中国学习西方教育过程的产物，外语一直是一个中国大学生必修的公共基础课程。从大学外语教学的诞生之日起到改革开放，由于外语学科的特殊性，大学外语教育政策的价值取向受到了政治形势的影响。同时，作为下属的教育政策理念，中国的外语教育政策与国家教育政策始终保持着高度的一致性。从 1862 年出现最早的外语教育到 1978 年的改革开放，大学外语教育的整体价值取向一直表现为以政治取向的表现。新中国成立后，由于受到美国为首的西方国家的封锁，我国曾经实施了向苏联倾斜的外交政策。在对苏联的全面学习的高潮中，高校里只注重俄语教育片面发展，弱化了英语和其他西方语言的教学。1954年4月，国务院批准了《关于全国俄文教学工作的指示》，明确要求“在高校开设俄语课”，目的是通过对俄语的学习，可以直接学习前苏联的先进经验，更好地提高中国大学生的科学知识和技术水平。但是，由于俄语教学的过度发展，导致俄语人才远远超出了国家的实际需要。从1956年起，公立高校开始逐步开设英语课程。在20世纪60年代初，中苏关系不断恶化，受政治环境的影响，国内高校开始调整外语教学。1961年教育部发布了《关于高等学校外语课程设置问题的意见》，规定了高校的第一外语可以是“俄语或者英语”。然后在1962年颁布的《英语教学大纲(试行草案)》和《俄语教学大纲(试行草案)》中，教学目标设定为学生能够阅读专业外语的书籍奠定了基础。俄语教学从60年代中期开始萎缩，大学外语教学从以俄语为主逐步过渡到以英语为主。

教育部1964年制定的《外语教育七年规划纲要》中规定的外语教学语言是英语、俄语、德语、法语、日语，而英语是第一外语，但也可因学科性质的不同和外语需求的不同，各高校可以自己确定其他一种外语为第一外语。为贯彻《外语教育七年规划纲要》，教育部在1965年举行了一次高级外语教学工作会议。在大学外语教育的规划与发展之际，1966年“文革”的爆发使我国高等教育陷入瘫痪。

在20世纪70年代初，中国对外关系开始活跃，1971年10月，中华人民共和国在联合国的合法席位得到恢复；1972年，美国总统尼克松李察访华，同年中日恢复了外交关系，外交上的突破推动了外语，特别是对英语和日语的关注。从1970年到1976年，全国295所高校招收工农兵学员。在一期间的国内高校里，公共外语教学普遍是英语，俄语因为苏联的“修正主义”，只有少数人学习，许多俄语教师改行教英语，少数高校还开设了日语或德语的公共外语课。工农兵学员的文化水平不高，新生的外语基本上只有初中水平，在学校期间还要从事政治运动，外语学习时间很有限，而且语言学习的内容还受到政治环境影响，充满“革命”的口号，大学英语教学名存实亡。粉碎了“四人帮”之后，1978年举行了全国外语教育座谈会，廖承志副委员长作了名为“加强培养外语人才”的重要讲话，会议最后产生了《加强外语教育的几点意见》，就如何加强大学外语教育做出了具体部署，并指出，有条件地改善公共外语除了开始英语课程以外，还应开始日语、德语、法语、俄语和其他语言课程。

改革开放为高校外语教育的发展提供了契机。从宏观的角度看，在社会环境的影响下，我国的外语教育取得了发展。我国实行对外开放政策，首先是引进国外先进技术和先进的管理经验，利用外资，进一步加快我国国民经济的发展，促进技术进步，使国家不断发展壮大。通过改革开放，中国成功地抓住了经济全球化的重要机遇，积极参与到世界经济体制中，从封闭或半封闭的经济体制转变为全面开放的经济体制。改革开放，促进了对外经济、文化、外交、学术、教育、人才等方面的交流，创造了非常有利于外语教育的外部环境。在中国走向世界的同时，世界也在向中国迈进，社会对外语的需求日益强烈，出现了外语学习的热潮。

从教育体系的内部环境来看，自党的第十一届三中全会以来，中学外语教育逐渐完善，特别是英语在高考中的地位开始变化，自1983年开始，英语考试成绩按100%分被列入总成绩，大学新生英语水平普遍提高。在1980年国家颁布了《英语教学大纲(高等学校理工科本科四年制试用)(草案)》，1984年重新审定通过了理工科本科用的《大学英语教学大纲》，成为写作教学材料、组织教学和教学质量评定的检验标准，这也是新中国成立以来第一份最完整、最具体的大学英语教学大纲。教学大纲规定："基础阶段各级教学结束时均应安排考试，其中第四、第六级结束时，应按本教学大纲的要求进行全国统一考试。"由此拉开了大学英语四、六级考试的序幕，为大学英语教学提供了一个统一的标准，产生了良好的反馈效果，促进了教学大纲的实施和大学英语教学质量的提高。1991年第一届高等学校大学外语教学指导委员会成立，由国家教育委员会有关部门同意，决定对当前执行的理工科本科用和文理科本科用的两份《大学英语教学大纲》中的1~4级进行词汇调整，制订统一的1~4级词汇表。

2.4.2 政策内容分析

大学外语教育政策的内容分析是对大学外语教育政策和活动的事实判断。也就是说，大学外语教育政策的内容分析，是把大学外语教育政策当做一种规范文件或行动指南，对大学外语教育政策的文本和政策背景、原因和效果进行分析，主要是解决"是什么"和"怎么样"的问题。例如，大学外语教育政策问题是什么，政策环境怎么样，政策目标是什么等问题。主要回答"政策是什么"和"政策由什么来实现"这样的实质性的内容，以保证政策内容的可行性和合理性。我国大学外语教育政策是为我国外语教育政策的确立及实施而制定的原则，以及为贯彻大学外语教育政策来制定的具体行动计划。政策经常表现在"纲要"、"办法"、"规定"、"决议"、"决定"、"通知"、"意见"等形式上，内容涉及大学外语教育的各个方面，具有很强的政策效应和导向作用。

大学外语教育政策分析的内容通常具有宏观分析和微观内容分析两个方面。宏观层面的内容分析，包括大学外语教育政策体系的组成，纵向结构上包括高等教育政策的目标、手段和对象的一致性程度，大学外语教育政策的构成要素如何，以及它们之间的衔接程度，是否符合外语教学法规律和大学外语教学目标。在横向结构上主要包括大学外语教育政策与其他教育政策的关系以及外语教育与政治、经济与文化的关系。微观层面的分析，包括大学外语教育政策内容涵盖的内容是否是明确的，大学外语教育政策目标定位是否是合理的、清晰的，目标对象的边界是否清晰，提出了实现手段是否可行，实施的有效性如何，大学外语教育政策的目标、手段和对象三个要素之间的关系是否适当。微观层次纵向分析是研究大学外语教育政策要素和国家教育政策目标、手段和对象的一致性。横向的大学外语教育政策内容结构比较重视具体大学外语教育政策的目标、条件和方式等方面与其他教育政策的吻合和衔接程度。

大学外语教育政策的内容是具体而丰富的，其内容直接为外语教育政策的预订目标服务。大学外语教育政策的内容由对现状的分析和把握来决定。大学外语教育政策内容的发展应建立在坚实的知识基础之上，包括教育学、言学、政策科学、语政治学等学科。一是要开展全面调查研究，运用准确的数据、研究成果和积累的丰富经验对高校外语教育的教学进行研究与分析；二是准确的背景分析，包括特定时期的政治、经济、人口、社会和文化条件和大学外语教育史的背景分析；第三是预测和评价，对参与了高校外语教育改革的利益群体在改革中的合理性和作用进行评价，同时也包括对不同利益群体之间的妥协和折中进行评估。大学外语教育政策涉及语言教学和课程教学改革的各个方面，如一般要求、课程设置、教材建设、考试设计和操作等。大学外语教育政策的内容是否符合教学实践的实际情况？政策对不同层次的学校是否同样具有指导意义？大学外语教育政策的具体内容能否真正落实？这些都属于大学外语教育政策内容分析的范畴。

强制性的语言教学大纲的规定有两类，一类是被 D. Nunan 称为 curriculum design 的课程设计，是国家教育行政部门颁发的外语教学的纲领性文件，主要规定了专业必修课程的总目标、教学要求、课程设置、教学计划、教学评价等。另一类教学大纲（syllabus），是外语教育专家对语言教学应该达到的能力或水平进行的规定，还包括对语言教学内容和教学方法的描述。课程设计描述了一般的教学目标、课程安排和评价方法等多方面，运用大纲来描述具体的教学要求和教学内容和教学方法。显然，我国的英语教学大纲是课程设计与课程内容开发相结合，兼具有两者的特点。

《大学英语教学大纲》(简称《教学大纲》)作为中国大学英语教学的纲领性文件，已经修订了三次。在我国大学英语教学历史上第一个教学大纲出现在 1962 年，第一次的修订是在 1980 年，大学英语教学大纲在 1985—1986 年的修订，实际分成理工科和文理科两个大纲。大纲的第三次修订是在 1999 年。直到 2004 年的《大学英语课程教学要求》的出现才宣布大学英语教学大纲退出历史舞台，由《大学英语课程教学要求》(简称《课程要求》)所替代，《大学英语教学大纲》的产生、发展和消亡，记录了大学英语课程的发展历程。

1.《大学英语教学大纲》的“分分合合”

《大学英语教学大纲》是大学英语教学的指导性文件，经历了一个“分分合合”的过程。从没有教学大纲到有理工科和文理科两个不同的教学提纲，再到一个统一的提纲，最后由《大学英语课程教学要求》所替代，统一的要求被取消，从“分”走到“合”，然后又从“合”走到“分”。

从 1949 年到 1980 年近 30 年的时间里，我国都没有一个统一的全国性的教学大纲，由学校根据具体教学条件的来制定教学要求。在这一时期，我国的“公共外语长期以来没有得到应有的重视”，“公共外语教学始终处于一个很低的水平上”。1962 年制定第一份的大学英语教学大纲是供五年制高等工业学校各专业学生使用的《英语教学大纲(试行草案)》和《俄语教学大纲(试用草案)》。直到 1980 年 6 月，由北京大学、清华大学等大学联合制定了首个国家公共英语教学大纲《英语教学大纲(草案)》。对语法教学内容进行了规定，对不同层次的学生提出了不同的要求。例如一个新生超过大纲的入学要求，可以直接进入第二阶段的学习，符合教学大纲的要求后，可以选修翻译和写作课程。但在 1980 年的大纲整体轮廓是松散的，不仅是学校与学校之间没有可比性，甚至是不同年级学生之间也没有一个规范统一的标准。

因为我国大学理工院校和文理院校对公共英语教学的教学内容和教学目标有不同要求，教学大纲修订小组决定不同理工科和文理科两个教学大纲。经过两年的努力，1984 年 5 月工作组在杭州会议上批准了正式的教学大纲草案。1985 年教育部批准了《大学英语教学大纲(理工科用)》，并在 1986 年批准了《大学英语教学大纲(文理科用)》。这两个大纲均是在广泛的测试和调查的基础上，通过各高校的通力合作，经过多次讨论才制定的，是中华人民共和国成立以来，较为完善的一个公共英语教学大纲。

大学英语教学大纲分为基础阶段和应用阶段提高阶段。教学的基础阶段分为六个级别，每一个学期为一级别，基础阶段的教学要求又分为基本要求和较高要求。基本要求是达到四级水平，达到六级水平是更高要求。1~4 级是必修课，5~6 级为高年级选修课。应用提高阶段性的教学要求，包括专业英语和高级英语。教学大纲还设计了词汇表、语法结构表、功能意念表和语言技能表，对提高基本阶段的基本要求和较高的要求和应用阶段的专业英语和高级英语词汇，听、说、读、写和翻译能力作出定量规定。但是，两者的教学大纲在教学目标和要求上有很大的不同。1994 年 7 月国家教育委员会在大庆召开了全国大学英语教学研讨会，同年 12 月又在桂林举办了全国大学英语教学上新台阶座谈会。这两次会议讨论了新世纪大学英语教学的发展，从而拉开了《大学英语教学大纲》修订的序幕。1998 年 12 月在杭州举行的个大学外语教学指导委员会英语组扩大会议上通过了新修订的《大学英语教学大纲》。1999 年的大纲不论是文科还是理科，重点还是非重点大学，考虑到“原大纲主要为重点院校设计的，未能考虑一些地区的影响、办学条件的限制、发展不平衡这一现状，提出了分类指导的原则，在教学内容安排上向两头延伸，高低兼顾，一纲多用”。

以大学英语教学大纲为指导的大学外语教学，不仅体现了国家对大学外语教育的政策和指导思想，而且具体规定了语言教学的具体内容。例如，1999 版的《大学英语教学大纲》由正文和四个附表构成。本书从“教学对象”、“教学目的”、“教学要求”、“教学安排”、“测试”和“教学中应注意的几个问题”等几个方面对大学英语教学进行政策规定。而附表一“词汇表”、附表二“语法结构表”、附表三“功能意念表”、附表四“语言技能表”则是语言教学具的体标准。当然，统一教学大纲，对规范大学英语教学、促进大学英语教学的发展和提高高校教学质量起到了非常重要的作用。但我国高校情况复杂，办学条件、师资力量、学生的入学水平千差万别，在不同的高校的执行统一的教学大纲，注定要有不可克服的缺陷。另外，用教学大纲的形式把在课程设计和教学大纲的内容结合在一起，把具体的英语教学过程也包含其中，或把本应该由各学校、各教师制定的教学安排、教学方法和评价措施等都纳入其中，这与大学英语教学的多样化和个性化的现实相互违背，也为后来的大学英语教学埋下了一些隐患。

1999 年，随着社会经济、语言学习的环境、学校教学改革和教学技术手段的转变，《大学英语教育大纲》已逐渐不能适应时代的要求，于是有了《大学英语教学大纲》修订本的出现。首先是国家和社会对大学毕业生的英语应用能力，提出了更高、更迫切的要求。第二，中小学英语教学改革的快速发展，提高了学生的英语水平，高中毕业生的英语水平超过了《教学大纲》规定的入学水平。再次，高校招生和学分制的实施，改变了教学秩序，旧的大学英语教学模式很难保持一成不变。最重要的是，由于大学英语四、六级考试是学生达到四级的要求唯一的量化标准，在国内出现了严重的围绕大学英语四级考试的应试教学现象，不仅影响了大纲内容的正确实施，也影响了大学英语教学质量的提高。这些因素决定了教育部制定的《大学英语课程教学要求》来取代 1999 年实行的《大学英语教学大纲》。

2.《大学英语教学大纲》与《大学英语课程教学要求》

《大学英语课程教学要求》又称为《课程要求》，是指宏观教学目标、语言标准和教学评价。与具体规定教学安排、教学内容和教学方法的教学大纲不同，《课程要求》把统一的教学要求和教学目标分解到具体的等级目标中，针对不同地区、不同对象可以根据自己的情况来确定自己需要达到的内容等级，让每一个学校在教学内容和教学方式上都有更多的空间和选择性，在课程设置和学时安排上有更多的自主性。有利于每一所学校都制定相应的实施教学大纲，根据学校的实际情况，充分调动当地的教育资源，采取适合的学生英语水平的教学模式和教学方法，从而有效地提高学生的外语水平。

《课程要求》的核心是制定一个统一的英语能力标准，而以往的教学大纲是以分级为核心的教学。课程要求中的人是能力等级的主体，是按照人的能力能够达到的几个不同等级设定的；而教学大纲中的一到六级标准的主体是学期，是按照学期的时间内可能达到的水平设计设置。以英语能力等级量表的课程标准既可以作为教学标准，也可以作为评价标准，有利于各学校根据学生的水平、对专业的需求和教学条件，确定自己的学校或各种专业的达到标准，制定符合自己实际情况的教学大纲，有利于选择不同层次的考试。即使在同一所大学，还可以根据不同行业的需求设置自己的标准。原大纲虽然有一级至六级，每级也具体有听、说、读、写具体的定性和定量要求和标准，但由于“年级”是长期挂钩，一个学期一个班，读两年是四级。因此，有必要进行统一的教学安排。《课程要求》取消了“级”的划分与规定，以能力等级标准来取代分“级”教学就是由统一走向个性，从计划走向市场，从强制性走向选择性。各学校有更多的弹性来制定和实施他们的大纲的灵活性，有利于学校学分制体系的实施。没有统一的分级，各个区域的各个学校都可以根据自己的分级标准及其教学大纲，设计并组织考试。这种个性化的评价体系摆脱了“应试教学”，有利于更加注重培养学生的应用能力，也有利于大学英语教学的健康发展。

从《大学英语教学大纲》到《大学英语课程教学要求》的过程是从计划经济到市场经济，从强制性到指导性，从统一性到多元化和个性化的过程。确立教学目标的原则也从采取简单的语言学习规律到更多地考虑国家政治和经济的需求。

在1980年由人民教育出版社出版的《大学英语教学大纲》(高等学校理工科本科四年制试用)中只规定了语法教学内容，而没有词汇表。在1985年《大学英语教学大纲》(高等学校理工科本科用)及1986年《大学英语教学大纲》(高等学校文理科本科用)中强调语言是交际工具的语言观。两份纲要都指出大学英语教学应高度重视语言交际能力的培养。但在实践过程中，又出现钟摆现象，只重视语言教学，忽视交际能力，并有一种放松语言基础学习的倾向。因此，1999年修订的《教学大纲》提出“大学英语教学应帮助学生掌握良好的语言学习方法”。在1985年和1986年相继颁布的两份大纲都强调打好扎实的语言基础，其核心内容是开展分级教学，打破行政班级，学生按照英语的水平来分班授课。不同级别的英语课堂教学要求和标准也不同，这样就解决了学生英语水平参差不齐的问题。这个大纲主要是针对大一下设计，而没有考虑到一些地区的实际困难和一些学校面临的问题。1999年的《纲要》重点研究高校受到所在地区的影响，由于区域办学条件的不平衡发展，提出了分类的指导原则；在教学内容安排上延伸到两端。这正是所谓“高低兼顾，一纲多用”。在1999年教学大纲规定的低起点学生在完成四个学期的英语课程后，英语水平应达到第三级别的水平；对起点高、学有余力的学生开设高级英语课程，以全面提高他们的英语水平。因此，我们可以更好地发挥对大学英语教学大纲的指导作用。2004年颁布的《大学英语课程教学要求》对词汇、听、说、读、写、译等技能作出定量要求，将内容分为具体的等级要求和目标。教学目标、教学要求、课程设置、教学模式、教学评价、教学管理等方面均较“教学大纲”更为详细，但由于在开头部分讲解了各地方、各层次的高校，要根据自己的具体情况制定个性化的教学大纲，从而淡化了这一要求的规定性：“鉴于全国高等学校的教学资源、学生入学水平以及所面临的社会需求等不尽相同，各高等学校应参照《课程要求》，根据本校的实际情况，制订科学、系统、个性化的大学英语教学大纲，指导本校的大学英语教学。”2007 年 7 月教育部颁布了新的《大学英语课程教学要求》。该《教学要求》较之 2004 年试行版的《教学要求》在听力和口语能力培养、专业英语学习、学生自主学习能力培养、现代信息技术应用和教学管理等方面有突破和创新。新的《教学要求》在不断完善的过程中，将继续指明我国大学英语教学改革的方向。虽然课程要求的规定和课程设置问题并不能真正实现大学的大学外语教育的自由管理，但这是在中国的大学外语教育从统一化和规范化到个性化和多样化迈出的第一步。

3. 政策的目标定位分析

在我国《大学英语教学大纲》是一个产品性大纲，提出的学生需要掌握的语言技能清单，带着计划经济的颜色，更多地关注结果，很少考虑学生在学习过程中发挥的作用，具有更多的教学标准性，较少关注社会和个人在许多方面和多层次的需求。这是我国独有的强制性大纲。在西方国家，甚至在其他亚洲国家，他们都有一个特定的外语课程大纲，但没有统一的国家外语教学大纲，没有统一的正式词汇，没有统一的大学英语学习成绩的规定，没有统一的英语课程设置，更没有统一的教学考试。教学目标、教学要求，特别是教学安排，都是高校的个人行为。我国地域辽阔，区域经济发展不平衡，因此高校的质量、各地区、各专业对英语的要求也是不一样的，教学服务面也是层出不穷，用统一的框架来规范大学英语教学的水平和质量，不符合我国的实际情况，更不符合外语教学规律。

大学英语教学的目标定位是大学英语教学的工具性特征。1986 年《大学英语教学大纲》规定：“大学英语教学的目的是培养具有较强的阅读能力，一定的听的能力，初步的写和说的能力，使学生能以英语为工具，获取专业所需要的信息，并为进一步提高英语水平打下较好的基础。”

1999 年《大学英语教学大纲》规定：“大学英语教学的目的是培养具有较强的阅读能力和一定的听、说、写、译的能力，使他们能用英语交流信息。大学英语教学应帮助学生打下扎实的语言基础，掌握良好的语言学习方法，提高文化素养，以适应社会发展和经济建设的需求。”

2007 年《大学英语课程教学要求》规定：“大学英语的教学目标是培养学生的英语综合应用能力，特别是听说能力，使他们在今后的工作和社会交往中能用英语有效地进行口头和书面的信息交流，同时增强其自主学习能力，提高综合文化素养，以适应我国社会发展和国际交流的需要。”

显然，三份大学英语教学指导文件，体现了大学英语教学的工具和服务于社会经济发展的特点。“使学生能以英语为工具，获取专业所需要的信息”、“适应社会发展和经济建设的需求”和“适应我国社会发展和国际交流的需要”。学生可以被培养成为适应社会发展的人才，是典型的社会价值之上的工具性价值观。学生不再是“人”，而是教育加工的原材料。此外，社会发展的表述也很模糊，社会发展有许多方面。社会需求分为短期和长期需求，如果要适应社会的短期需要，必然会造成短视行为的教育，不利于教育和社会的长远发展。

比较三个文件，一个更大变化是“培养具有较强的阅读能力”与“培养综合应用能力，特别是听说能力”。针对这一问题，外语教学专家、学者和教育组织者已经引起了争论。他们或是从语言教学的规律，或从国家和社会的需要，阐述了自己的观点，但很少考虑教育主体学生的需要和兴趣。

强调阅读是我们以前教学大纲的一个主要特点。自从1962年中国大学英语教学有了大纲后，从大学英语课程设置和安排，到大学英语四级和六级考试的实施，阅读一直是学生需要提高的第一个语言技能，一直以来，大学英语教学始终贯穿着阅读是首要任务的指导思想。大学英语教学中的阅读教学，大学英语四个学期的基础英语课就是阅读课或者精读课。20世纪80年代为提高大学生的阅读和广泛的能力，阅读课还进行了泛读课和精读课的细分。1962年中国出版的第一份大学英语教学大纲，教学目标是“为学生今后阅读本专业英语书刊打下扎实的语言基础”，唯一的教学要求是阅读，“掌握阅读一般科学技术书籍所必需的语法知识；能借助词典不很困难地独立地阅读内容为学生所能理解的一般科学技术书籍，并能正确地译成汉语；能阅读难易程度和第四阶段末的课文相仿的文章”。1980年的教学大纲中继承了1962年大纲的精神，规定教学目标是“基础英语教学阶段：为学生阅读英语科技书刊打下扎实的语言基础；专业阅读教学阶段：使学生具备比较顺利地阅读有关专业的英语书刊的能力”1985/1986年的大学英语教学大纲实际分成了理工科和文理科两个大纲，在提出听、说、读、写、译的要求中，首次确立了阅读的领先地位。纲要明确规定“大学英语教学目的是培养具有较强的阅读能力，一定的听和译（理工科大纲）的能力，初步的写和说的能力，使学生能以英语为工具，获取专业所需要的信息，并为进一步提高英语水平打下较好的基础”。在大学英语教学中，1985年和1986年的两个大纲均以培养强大的阅读能力为首要任务。

1999年《大纲》修订本又继承了这项原则。1999年《大纲》规定：“大学英语教学的目的是培养学生具有较强的阅读能力和一定的听、说、写、译能力，使他们能用英语交流信息。大学英语教学应帮助学生打下扎实的语言基础，掌握良好的语言学习方法，提高文化素养，以适应社会发展和经济建设的需要。”1999年《大纲》的修订说明指出，“本大纲对教学目标做了明确的阐述：培养学生具有较强的阅读能力，一定的听、说、写、译能力，使他们能用英语交流信息。这使本大纲对学生的语言应用能力的要求从原理工科大纲和文理科大纲的三个层次变为两个层次。阅读是第一层的要求。调查中发现，尽管对听、说的要求相对强烈，但读仍被认为是一项十分重要的技能。阅读是掌握语言知识，获取信息，提高听、说、写、译等能力的基础。因此，在大学英语教学中应始终注重阅读能力的培养”。把大学英语教学目标定位在主要培养学生的阅读能力，受到不少专家学者以及国家领导人的批评和质疑。李岚清副总理等国家领导人自 20 世纪 90 年代以来，曾多次批评英语教学中的“费时低效”和“聋子英语”、“哑巴英语”现象。2007 年新的《大学英语课程教学要求》将原来的以阅读理解为主转变到以听、说为主，全面提高综合应用能力上来。其实，是培养学生较强的阅读能力和一定的听、说、写、译能力，还是培养综合应用能力，尤其是听、说能力，都是从国家的需要和社会的需要出发的。提出阅读是第一位，对一个开放度不大、与国际社会直接交流机会较少的社会来说是适应的，因为人们主要依靠文献资料来了解国外科技经济发展，听与说的能力的需要相对较少。而在我国加入世界贸易组织以后，对外交流已经扩大到了整个社会，在社会对大学毕业生的听、说、写的能力需求日益增强的情况下，把大学英语教学转变到以听、说为主，全面提高综合应用能力上来也是可以理解的。但是，这种改变忽略了教育主体的需求，即学生的需求。

英语是一门外语，很明显，对于一个没有英语环境的英语学习者来说，挑战他的听力和口语能力往往比读写能力难。因为听和说比读写更难掌握。英语在欧洲国家不是外语而是第二语言（Second Language），英语作为第二语言与作为外语的国家的英语语言环境和对英语的需求有天壤之别。欧洲各国的劳动力市场，商品市场是开放的，出入欧洲各国就像我们出入我国各省市一样自由。在不同的国家使用不同语言的情况下，只有借助英语这一共同的语言才能在欧盟共同体内甚至在整个欧洲达到交际的需要。因此，英语是欧洲不可或缺的语言。中国大陆对英语的社会需求不仅不能与欧洲相比，甚至比不上中国香港和日本，中国大陆对英语的需求比日本要小。中国幅员辽阔，拥有庞大的国内市场，虽然已加入世界贸易组织，中国生产的原材料和产品都在国内市场。目前从我国的国民生活水平和发展水平来看，英语在很长一段时间内只能是外语，只有少数人需要在工作和生活中使用英语。客观地说，英语是在中国一种学习语言，是提高素质的语言和工作的一种语言，而不是日常生活的需要。没有社会的实际需要，缺乏学习和使用语言和环境的机会，很难提高听、说的能力。即使花大力气听说能力提高了，没有环境，听说能力就会下降，英语口语就会“生锈”。把大量的时间和精力花在使每一个大学本科学生讲流利的英语上，在一定程度讲是教学资源浪费，因为一些学生语言能力不够好，或没有兴趣在英语上，或在未来的工作不需要使用英语。正如夸美纽斯说，要让“每一个学生都把他的全部精力用在那门显然适合他的天性的学科上面”。

2.4.3 政策的价值分析

政策的价值分析是对政策和活动作出的价值判断，主要是解决“期望什么”、“喜好什么”、“为什么期望”和“利益为什么如此分配”等问题。譬如，政策环境的利弊、政策目标背后的期望和喜好、政策过程的民主化和科学化程度、利益分配的价值原则等。从哲学的意义上来说，大学外语教育政策通过制定大学外语教学标准，提出课程要求，规定培养目标，设置教学模式、课堂内外的种种外语教育活动的客观属性来满足大学外语教育政策的主体需求的一种关系。政策作为调整关系的一种手段，所调整的价值关系的性质决定政策价值的内容。大学外语教育政策为国家的安全、国际形势服务，体现其政治价值；调整社会资源投入到大学外语教学中，体现其政策的经济价值；如果政策是用于加强学校大学外语教育的管理或者规范大学外语教育活动本身，则表现出政策的教育价值；如果用于指导个人的外语学习则表现它的人的发展价值；大学外语教育政策在调整“国家、学校、个人利益关系”之时则直接体现它的社会价值等。大学外语教育政策的价值分析涉及国家教育政策的公共价值追求、政策制定者的价值取向以及包括大学外语教育主体——学生在内的各种利益相关群体的价值冲突三个层面。大学外语教育政策的教育价值，即个人价值、政治价值和经济价值取向最终通过大学外语教育政策的内容的制定和和实施过程体现出来。

1. 大学外语教育政策的价值选择、合法性和有效性

大学外语教育政策的价值分析是大学外语教育政策中最根本、最重要的问题。研究大学外语教育政策价值观，是以价值观、世界观和方法论为指导，探讨大学外语教育的价值取向的政策选择、合法性和有效性。

价值选择、有效性和合法性是教育政策价值研究的三个维度，在现象形态上，教育政策的价值特征表现为一系列的价值选择；其次，在本体形态上，教育政策的价值特征表现为价值选择的“合法性”。在政策过程的意义上，教育政策价值特征表现为价值选择的“有效性”。教育政策的价值选择是教育政策制定者在自身价值判断基础上所做出的一种集体选择或政府选择。正如托马斯·戴伊所言“凡是政府决定做或不做的事情就是公共政策”。它蕴涵着政策制定者对于政策的期望或价值追求，体现了政策系统的某种价值偏好，表达着教育政策追求的目的与价值。“从表面上看，语言政策和规划的目的是解决和语言有关的问题，但是最终是为了实现政治、经济上的利益”。合法性“表明某一事物具有被承认、被认可、被接受的基础，至于具体的基础是什么（如某条法律、规则、习惯、标准或逻辑），则要看实际情境而定”。哈贝马斯（（J. Habermas）认为，“只有政治秩序才拥有着或丧失这种合法性，只有它们才需要合法化”，“合法性意味着对于某种要求作为正确的和公正的存在物而被认可的政治秩序来说，有着一些好的根据。一个合法的秩序应该得到承认。合法性意味着某种政治秩序被认可的价值”。教育政策过程就是分配教育利益、调整和理顺教育领域的社会关系、顺利和经济地解决教育问题的一个过程。政策的是否成功有赖于获得价值选择和实现价值选择的政策行为过程的“有效性”。

大学外语教育政策的合法性是大学外语教育政策价值选择是否符合一般规律和规范，如法律、社会价值观、意识形态、传统典范乃至社会习惯等，并由此在社会范围内被承认、认可、接受和遵守。大学外语教育政策合法性的本质是大学外语教育政策价值选择的合目的性，也就是大学外语教育政策价值选择符合社会的规范和价值取向，正是人们心中的价值理想和切实需要。大学外语教育政策的“有效性”是指大学外语教育政策的效能，是效益、效率、效果的统一，其含义是指大学外语教育政策活动以最小的代价获得具有最大化价值的政策结果，使大学外语教育政策功能和效益达到最大化。主体需要决定大学外语教育的价值量，满足主体的程度越高，层次就越高，价值量也就越大。如果大学外语教育政策损害了学生主体的利益，那么大学外语教育政策则具有负价值，如果大学外语教育政策与学生主体无关则是零价值。要提高大学外语教育政策的有效性就要引导和促进合理的价值取向的确立，解构、消除不合理的价值取向。合理的大学外语教育政策的价值取向必定是为国家发展与为教育发展的统一，合目的性和合规律性的统一，而合规律性是实现这合目的性的必要条件。在宏观方面，要求保持大学外语教育政策价值取向的基本特征和方向，顺应社会发展规律，微观上对大学外语教育政策的价值取向、目标定位、课程设计、大学外语教育规划与管理，遵循外语教育发展的客观规律。

2. 构成大学外语教育政策价值取向的因素

莫里斯·科根（Maurice Kogan）把教育政策价值分为由低到高排列的四个层级：政治的价值、社会的价值、教育的价值和人的价值。大学外语教育政策作为教育政策的一部分，其追求的价值应该是在追求大学外语教育政策的教育价值和人的价值基础上追求其政治价值和社会价值，即政治价值和社会价值并不是大学外语教育政策的终极价值所在。从教育是培养社会的需要的人的角度看，追求人的发展的教育政策能够提高教育的生命价值，使受教育者得到充分、自由、和谐发展，形成真正的、善的、美的和谐统一的理想人格。

价值的等级结构是价值存在的基本样式，它构成了价值领域内的一种先验的本质秩序。“所有的价值本质上都处于一种等级序列之中”，大学外语教育政策的价值具有客观的层级结构，从政治的价值、社会的价值、教育的价值到人的价值体现出由低到高的等级秩序。这种价值的等级结构是大学外语教育政策价值的物质基础，是评价大学外语教育政策价值的外在尺度。大学外语教育的主体需要是评价大学外语教育政策价值的内在尺度，大学外语教育的价值受主体需要的规定和制约，并随着主体构成的变化、主体认识和实践能力的提高以及主体价值观念的整合而显示不同的特征。因为大学外语教育政策本身就是主体意志对象化的产物，正是主体本身的需要推动主体去追求大学外语教育政策的价值。

教育政策的价值取向是由一系列不同层次的要素构成的。政策价值观念包括政策理论、政策理想、意识形态和政策评价标准。在这四大要素中，最重要的政策理论，处于核心的地位，对于政策的制定和实施起着关键性的作用。大学外语教育政策的价值理想追求，也就是美好期待中的大学外语教育图景，对于大学外语教育政策的制定与实施具有直接的价值指导作用。而政策评价标准是政策理论、意识形态、政策理想的体现，特定的政策理论、意识形态和政策理想形成特定的政策评价标准，其作用当然也是不可置疑的，因为它是衡量政策好坏的价值标准，它决定着政策是否终结或通过修正而继续实施。政策的价值取向决定和支配着主体的价值选择，是主体构成的重要组成部分，对主体自身、主体间关系、其他主体均有重大影响，具有社会、历史、时代和民族特征。

大学外语教育政策的制定，执行和评价的实践过程，凝聚着大学外语教育政策价值表现，体现了大学外语教育政策的价值取向。也可以说，具体的、历史的大学外语教育活动体现了大学外语教育政策的价值取向。大学外语教育政策的价值有四种表现形式：人的价值、教育的价值、社会的价值和政治的价值，其价值表现形式通过大学外语教育政策的制定与实施的实践活动得以体现。按莫里斯·科根拔的观点这四种表现形式应该遵循由低到高排列的层级形式，也就是大学外语教育政策首先要体现的是人的价值，然后是教育的价值，再次是社会的价值，最后才是政治的价值。大学外语教育政策促进人的和谐、全面的发展是其终极价值，我国传统的培养社会所需要的人体现的是大学外语教育政策的社会价值，属于工具性价值观。"应然"的大学外语教育政策是在追求大学外语教育政策的教育价值和人的价值的基础上去追求政治的价值和社会的价值。合理的大学外语教育政策的价值取向应该包含两个方面的规定性，即坚持为国家发展与为教育发展的统一，坚持合目的性与合规律性的统一。

我国的大学外语教育政策的价值观应该是主体的教育政策价值观，大学外语教育政策就是为了满足大学外语教育政策的主体的需要，也就是要满足受教育者学生的需要。满足受教育者需要的性质和程度决定大学外语教育政策的价值的大小。"教育政策满足主体的程度越高，满足主体需要的层次越高，教育政策的价值量就越大；反之，教育政策的价值量就会越小。教育政策满足了主体的需要，教育政策具有正价值；如果损害了主体的利益，教育政策则具有负价值。"因此，大学外语教育政策应该在追求人的价值和教育的价值的基础上去追求社会的价值和政治的价值。

价值以客体满足的程度为标准，大学外语教育的价值是以大学外语教育活动为对象，满足不同需求的程度。大学外语教育价值观是大学外语教育实践的主体为满足自己的需要而表现出来的对外语教育活动带有倾向性的认识态度和价值判断，是从事外语教育活动的方向性标准。和谐大学外语教育教育观，可以促进大学外语教育的发展，反之也会阻碍社会和人的发展，造成社会事业和人力资源的浪费。

价值关系是客体的特性与主体需要之间的关系，它是主客体发生关系的基础。大学外语教育的改革与发展的主体是大学外语教育决策者、研究者和外语教师集结在一起的群体。大学外语教育具有为社会培养有特定专业知识且具有较强外语能力的人才这一社会功能，能够满足社会对于有特定专业知识且具有较强外语能力人才的需要，因而形成了与社会的价值关系。此外，社会对于有特定专业知识且具有较强外语能力人才的需要并不是需要学生个体本身，而是需要这种人才所具有的外语能力。受教育者个体本身并不具备与生俱来的外语能力，由于大学外语教育能够培养社会所需要的有特定专业知识且具有较强外语能力的人才，这样就形成了社会与大学外语教育之间、大学外语教育与学生之间两对价值关系，外语能力是这两对价值关系所共同追求的东西。

追求价值是主体活动的内在动力，对价值的追求推动着人们认识和实践活动的发展。大学外语教育发展的真正推动力就在于个体对于外语能力的追求和社会对于外语能力的需求。从社会与大学外语教育的价值关系来看，社会的需要是大学外语教育存在和发展的必要前提和条件。社会是大学外语教育价值的主体，大学外语教育必须培养社会需要的有特定专业知识且具有较强外语能力的人才来满足社会需要，这也就是大学外语教育的社会功能或工具性功能。从大学外语教育与学生的价值关系来看，大学外语教育必须满足学生的需要，学生应该是价值的主体。学生之所以需要大学外语教育，是因为他们需要外语能力，而大学外语教育能够满足他们提高外语能力的需要。

大学外语教育政策的实践活动是大学外语教育政策的价值源泉，大学外语教育政策的主体需要和客体属性的价值关系寓于每一项政策的产生过程中，从为解决某一个大学外语教育中的问题而确定政策目标，到政策的决策、政策的执行等各个环节，使主体需要和客体属性处于价值关系中，并作为实践活动的固有内容，经过双向对象化而生成价值。主体需要、客体属性与实践的需要是大学外语教育政策价值观的基本范畴。

“教育的目的在于使人成为他自己，‘变成他自己’。而这个教育的目的，在其与就业和经济发展的关系中，不应是培养青年人和成人从事某一特定的、终身不变的职业，而应培养他们有能力在各种专业中尽可能多地流动并永远刺激他们自我学习和培训自己的欲望。”大学外语教育是人的教育，在大学外语教育过程中，人的发展与完善始终是大学外语教育的目的。大学外语教育的实质就是要促进受教育者身心素质的发展和自身价值的提高，这就是大学外语教育的本体价值之所在；大学外语教育应当“以人为本”，就是把“一切为了学生”，“为了一切学生”乃至

“为了学生的一切”作为大学外语教育的价值原则。若离开了满足自身需要、促进人自身发展这一本体价值，大学外语教育的其他价值都成了空话。有学者深刻指出：一位受过教育的人，他不仅具有受过教育的名义（学历所表明），而且应当拥有受过教育的实际内涵。受过教育的人，是掌握和享受了一定知识的人，是学会了学习的人，是有主体性的人，是精神生活十分丰富的人，是有德性的人，是素质水平较高的人，是能够持续发展的趋于完美和完善的人。

大学外语教育过程是使大学外语学习者价值化的过程，社会需要、大学外语教育和大学外语学习者三者价值取向的统一是大学外语教育价值实现的保证。在现实中，常常发生价值关系背离的现象，社会需要决定和制约着大学外语教育的价值。对立的价值取向虽然具有同一性，但并不意味着对立双方在现实中就是一种力量均衡的关系。由于社会条件的不同，在不同的历史时期，社会发展对于大学外语教育价值取向总有不同侧重的选择，在一定时期具有相对的稳定性。社会是一个动态的发展过程，它在不断的发展过程中，改变着自己需求的价值结构，也改变着自己需求的价值内容。社会经济的发展变化也在不断改变着社会对外语教学和外语人才的需求。社会需要变化导致价值关系背离社会的发展，因而使它具有阶段性。究其成因，是社会发展所带来的外语需求变化与教育改革滞后性存在矛盾，大学外语教育评价内容与社会对外语人才素质需求之间存在矛盾，从而导致大学外语教育追求与社会需求之间价值背离。由此，我们可以得出结论，造成社会价值需求和大学外语教学价值追求背离的一个重要原因是社会需求的动态性和教育价值追求的从属性。

社会需求具有动态性和稳定性的双重特性。社会需求的稳定性需要人们建立与之相适应高校外语教育的价值体系；社会需求的动态性又要求大学外语教育寻求改变，追求现时的价值。社会需要制约着大学外语教育的价值取向，高校外语教育的发展变化具有相对滞后性。这种滞后性与动态性和社会性需求之间的矛盾，造成了大学外语教育的形成价值和社会需求的两个方面的偏离。

2.4.4 政策的过程研究

大学外语教育政策过程研究是对大学外语教育政策研究从规划到决策的全过程展开分析。公共政策制定过程是西方政策科学研究中的核心问题。著名的政策科学家德热指出：“政策研究的核心是把政策制定作为政策研究和改进的对象，包括政策制定的一般过程以及具体政策问题上改进政策制定的过程。”大学外语教育政策的过程分析主要回答“为了实现一定的政策目标，大学外语教育政策是怎样形成的以及如何执行的？”这个问题，涉及政策从政策问题的建立到政策评估的所有形式。科学的大学外语教育政策过程是大学外语教育计划的一个重要因素，涉及大学外语教育政策决策和实施表现为怎样的过程，政策结果怎么样，大学外语教育政策的受益者和受损者是谁，政策过程还要考察由谁来制定政策和如何做出决策等问题。一般而言，一个理想的政策制定过程，包括政策定义、目标设定、设计方案、效果预测、方案选择、政策执行和政策评估七个过程，即公共政策制定过程。

政策是一种明确的或者含蓄的单个或者一组决定，它通过制定方针以指导将来的决定、发动或阻止某种行动，或者引导某种决策的实施。制定政策是任何一个计划周期中的第一步，规划者在能够有效地设计出实施和评价步骤之前，必须先充分认识政策制定的动因。在大学外语教育政策的一般过程中，政策的制定是最关键的。界定政策问题是大学外语教育政策过程分析的逻辑起点，成功的界定问题等于完成分析任务的一半。大学外语教育政策问题应该是反映全社会的外语教育需求矛盾和冲突的公共问题。它既是客观的，也是主观的。大学外语教育是每一位大学生都必须学习的课程，牵涉到社会中千万个家庭的切身利益，表现出利益与价值观和规范的冲突。我国的大学外语教育政策与其他的政策一样必然存在这样或者那样的问题，"教育问题即指教育事务内部各要素间或教育系统与社会其他系统之间的不协调状态，问题是政策的逻辑起点，问题认定是决策的起始环节"。高校外语教育政策分析需要根据政策问题的原因和症结所在，并对政策目标的实现、可行性、制度、标准和具体的分析。其中包含技术和政治属性，需要与大学外语教育政策相关人员进行讨论，包括高级领导的大学外语教育政策制定者、从事大学外语教育研究的专业人士、政策分析师、大学英语教学教师和学校教育管理人员和其他利益相关者，政策应该是一个集体智慧结晶。作为一个专业的政策分析师，应为高层决策者和基层政策执行的建议问题，应该从专业技术层面提出的政策，定义和描述的三个维度重新细化政策问题和逻辑起点构建一个理想的政策分析。

大学外语教育政策目标反映出决策者心目中的"应然"的大学外语教育政策远景，这是政策制定的第二步，通常以抽象或一般的方式作一个陈述。而大学外语教育政策方案的设计、效果的预计和方案的遴选是政策制定的具体操作层面，主要由大学外语教育专业人才研究和分析政策。首先，收集和解决问题的政策措施和方法，设计许多套可行的计划；其次，使用各种技术和手段，预测多种拟订的方案在各种可能的客观条件下的预期效果；最后，通过各种方案的优缺点，选择或综合成一个最令人满意的解决方案。

在做出一个大学外语教育政策决定之前，决策者需要在充分调查研究的基础上系统地对每个方案进行分析和评估，不仅要根据该项政策提议在教育方面可能获得的成效进行预期评估，而且还要依据它的实施能力、财政上的承受力、可行性以及它能否持续足够长的时间，显示相应的政策结果。通常来讲，教育政策措施的途径主要有两条路径，一是政府机构组织有关专家研究讨论，制定政策后经政府议程后确定；另一种途径是通过新闻媒体让公众参与讨论。在我国的大学外语教育政策制定的过程中，基本上不采用第二种途径，在沿用第一种途径的过程中，专业人员的作用也没有得到充分的体现。主要有三个原因：一是专业人员的构成比较单一，不是整个系统相关的人员的代表；二是专业人员没有真正与大众接触，往往忽视大众舆论的声音；三是在与党组织和政府官员研究议题的过程中，专业人员容易受党组织和政府官员的影响。

大学外语教育政策过程分析最后要回答的问题就是大学外语教育政策是如何被执行的以及政策实施产生的效果如何。大学外语教育政策执行是大学外语教育政策行为者包括制定者、执行主体和执行客体为了实现既定的政策目标所采取的一系列行动。从社会学的角度看，大学外语教育政策执行是一个不同社会团体通过不断互动而建构的过程，大学外语教育政策执行受教育政策共同体关系结构以及更为广阔的社会结构背景的影响。

一般而言，大学外语教育政策执行具有与大学外语教育政策制定相反的路线并具有不同的关键领域。通常来讲，大学外语教育政策制定走的是“从下而上”的路径，从社会基层的诉求到处于高端的政府决策的过程，其关键领域在决策系统。社会的利益诉求发展成为一项教育政策，往往是各种力量在决策系统中较量的结果。而大学外语教育政策执行却走的是相反的“自上而下”的路线，政策执行的过程就是从政府到社会的过程，即把政府有关的意图、目标和方案贯彻于基层社会，基层政府和社会是政策执行阶段的关键领域。基层社会、政策相关利益团体对政策本身的认可程度以及对政府意图的理解和顺应程度决定了政策执行的好与坏。以此推断，所制定的大学外语教育政策起因于存在于社会基层的问题，反映的是社会的要求，但它经历了“自下而上”的过程，也是一个政府建构的过程；同样，大学外语教育政策的执行，贯彻的是政府的意志，而它所经历的“自上而下”的实施过程，实际上也是一个社会建构的过程。理清了这些问题的头绪，我们可以清楚地看到，大学外语教育政策的执行是一个全社会的问题，绝对不应该只涉及教育行政部门及其教育行政部门的管理者，大学外语教育政策的不折不扣地得到执行贯彻，很大程度上取决于大学外语教育政策是否能够成功地“嵌入”社会网络结构之中，如何被各种社会力量所建构等问题。在大学外语教育政策的决策过程中应允许不同的利益群体以不同的方式参与谈判。

在正式实施该政策后，还应及时评估大学外语教育政策和反馈意见，适当调整政策。我国在执行政策的比较传统的做法，是在政策全面铺开之前，进行示范性的政策推广，在示范点和示范区的执行过程中总结和归纳政策执行的情况，收集反馈意见，对政策效果依照最初设计的政策目标和价值准则，进行结果评估。大学外语教育政策的推行也是沿用了这种做法，通过验收示范点的执行情况，了解政策执行的效果，并通过执行中的监控和检查，保证政策在执行过程中不被任意修改或者偏离原来的目标，以防止马歇尔和米切尔所发现的那样：“校长们在自己的地盘里悄悄地再造政策并解决法律和道德的冲突时，政策意图则随着管理者遵循他们自己‘假设的世界’的规则而被破坏。”同时，通过比对实施的结果和预期的效果的距离，决定政策需要修正的地方，或者终止达不到预期效果的政策。政策执行后所得出的评估信息为解释政策成败的理由提供依据，为后续政策打下基础。

在我国大学外语教育政策方面，深受国家政治经济和国际环境的影响。正如Adamson博士在《中国英语：中国英语教育史》中所说，在中国外语教育的发展过程实际上是多种复杂因素如政治、经济、社会、教育等因素相互作用，相互制约的过程，凡是中国政治运动高涨时，政府就要通过社会和政治的手段来调控外语教育，反之，凡是中国大力促进经济建设、加强国际合作时，政府就大力提倡和推广外语教育。

目前在我国外国语学院所开设的外语语种主要是英语、俄语和日语。而大学外语几乎是千篇一律的英语课程。因为《课程要求》规定在基础阶段的英语课程是必修课，只有在提高阶段才是选修课，在选修课阶段，一些条件好的学校开设了两门外语，如大学日语、法语、德语等。还有一种情况是学生在中学阶段学习的第一外语是非英语的，在大学阶段继续学习他在中学阶段学习过的第一外语。这种情形并不多，我国的大学外语课程主要是大学英语，语种单一化的问题已经相当严重。20世纪50年代由于当时的政治历史环境，实用主义导致了语言规划方面的失误，为达到短期的目标而“全面学俄语”，片面夸大了俄语的重要性。那么现在“全民学英语”是否是又一次的语言缺乏规划呢？英语作为国际通用语言，它的用途最为广泛，这点是不可置疑的。但是用英语代替其他的语言，并不是科学而明智之举，应该考虑外语教育的多样性和学生学习的可选择性。我国大学外语教育的语种分布和比例，应该从目前或更长远的时期的外语的需求出发来加以规划。一方面，随着我国开放程度的日益扩大，社会对其他语种的需求必将日益增多；另一方面，随着中小学阶段英语教育的良性发展，学生的英语程度越来越好，学生入学时的英语水平越来越高，在这种情况下，大学外语教育应该考虑社会和学生个体的需求，规划大学外语教育的语种分配，给学生提供多种语种的选择机会，使学生可以根据自己的兴趣和今后的职业规划有选择地学习外语。我国语言规划部门应该进行细致研究和科学论证，比如学习某一语言的学生总数应达到多少，应该需要多少学生达到何等级别的外语水平，从什么阶段开始，开设什么语种等。这不仅符合社会和个人的要求，而且不浪费在外语教学中的资源。

教育部于2000年5月推出了“新世纪网络课程建设工程”项目，大学英语网路课程首次将现代信息技术系统地引入大学英语教学，从而揭开了“十年大学英语教学改革”的序幕。当时的背景是：1999年1月国务院批转了教育部《面向21世纪教育振兴行动计划》，要求“各级人民政府和各有关部门要切实把教育摆在优先发展的战略地位”，为落实《面向21世纪教育振兴行动计划》，加快现代化远程教育工程资源建设步伐，推动高等学校开展媒体教学，作为大学本科生的必修课的大学英语课程走在了教学改革的前列，兴起了轰轰烈烈的大学英语教学改革。这是由教育部发起的，大学英语教学改革基本上已经走过了一个理想的公共政策决策过程，应包括七个环节和过程的政策问题的定义、目标设置、设计方案、效果预测、方案选择、政策执行和政策评价等。

纵观我国大学外语教育政策价值取向演变的历程可以看出，在整个历史发展过程中，大学外语教育政策价值取向基本上是工具主义的，也就是一种工具理性主导下的价值取向。传统工具理性主导下的大学外语教育政策的价值取向最大后果就是大学外语教育自身及受教育者主体的“工具化”。

从《大学英语教学大纲》到《大学英语课程教学要求》大学外语教学的目的都是适应社会的发展。《教学大纲》规定：“大学英语教学的目的是：培养学生具有较强的阅读能力和一定的听、说、写、译能力，使他们能用英语交流信息。大学英语教学应帮助学生打下扎实的语言基础，掌握良好的语言学习方法，提高文化素质，以适应社会发展和经济建设的需要。”《课程要求》规定：“大学英语的教学目标是培养学生的英语综合应用能力，特别是听说能力，使他们在今后学习、工作和社会交往中能用英语有效地进行交际，同时增强其自主学习能力，提高综合文化素养，以适应我国社会发展和国际交流的需要。”无论是《教学大纲》还是《课程要求》的教学目的都是要适应社会发展的需求。审视1999年颁布的《教学大纲》，由于当时国家处于改革开放的初期，正加强经济建设，因此，《教学大纲》除了“社会发展”还加上了“经济建设”，而2007年的《课程要求》，国家的经济建设已经取得较大的发展，因而，“经济建设”由“国际交流”所代替。两者没有本质的区别，都是基于社会的发展，反映了工具的价值取向。

“人的自我生成，自我发展，是价值创造的最高本质。”而大学外语教育工具主义价值取向下的大学外语教育实践是一种忽视受教育者的生命发展，见物不见人的教育。这种价值取向把大学外语教育活动视为满足社会对外语需要的工具。大学外语教育在满足社会的政治、经济或文化发展需要时将自身及受教育者“工具化”了。而“工具化”的结果是外语教育仅仅是外语技能的提高，忽视了以培养人为中心的主体教育。工具理性与国家功利主义相结合是以牺牲个人的局部利益来造就国家的繁荣，而工具理性与个人功利主义相结合会为达到自己提高某项外语技能的目的而忽视其他更重要的东西，工具理性与学校功利主义相结合则会带来应试教育。它们对教育的消极影响都是显而易见的，那就是我们的大学外语教育背离了教育的主线——人的自由全面发展。所谓的“工具化”，就是置英语的人文教化功能于不顾，仅把英语当成一种工具。改革开放之前，英语被当成一种政治工具，改革开放之后，便成为一种经济工具。在市场经济的环境下大学被市场所绑架，成为了职业培训机构。

在今天市场化的程度下，这种工具化的价值取向下培养的实用性人才，或许在短期内会产生一定的影响，但从长远来看，从根本上削弱了大学外语教育的本质和人文教育的深度，削弱了学生在思想、知识结构、分析能力等方面的发展。大学英语教学重视学生的语言应用能力，特别是听说能力，强调外语的交际功能和语言的实际运用。这种要求有利于改善以往所存在的“哑巴外语”、“聋子外语”等弊端。但是，大学外语教育不是一种简单的“工具性”的教育，不是单纯地培养口若悬河的“翻译工具”，而是要培养懂专业、外语能力强并具有和谐人格、高尚情操、全面发展的人，而这种人才的培育需要文化的积淀，为改变以往听说能力差而在教学上重听说而轻读写，难免有从一个极端走向另一个极端之嫌，可谓是“捡了芝麻，丢了西瓜”。把时间和精力投入到口语、听力的技能上，当然不是坏事。但是如果因为要提高听说能力，不再阅读原版的经典文学作品，改看由经典文学作品拍成的电影或电视剧，其结果会造成文化底蕴的缺失、庸俗和肤浅，不利于学生人文主义的发展观和人文精神的培养。

2.5　国外大学外语政策执行分析

中小学阶段是国外外语教育的重点所在，因此，大学阶段的外语教育相比之下没有我国那么重视。一般来说，大学外语教育的做法与中小学的外语教育在原则和理念上是一致的，给学生提供较多的语种选择，学生可以按照自己的兴趣选择所学习的语言和所修的课时。自 20 世纪 80 年代以来，很多国家都把外语教育改革放到了重要位置，世界各国都在加强外语教育改革。为了满足新世纪对复合型人才的需要，跟上时代发展的需要，许多欧美国家对外语教学做出了调整和改革，在课程设置和教学内容上都有调整，在外语的教学模式上也进行了改革。以英语为母语的国家为例，大学本科阶段的外语学习，往往把学生分为两类，一类是以英语为工具学习专业课程有困难的学生，另一类是能用英语顺利完成学业的学生。对于英语能力较好的学生，学校提供两门以上的英语以外的语言给学生选择，语言学习的重点是语言技能的培训。对于英语有困难或者对英语有兴趣的学生，学校开设专门用途英语课程（English for Specific Purpose，ESP）。

ESP 课程教学始于 20 世纪 60 年代的西方，其教学目的是培养和提高学生所学专业领域的英语运用能力。ESP 主要可分为两种：EAP 和 EOP，EAP 表示“学术英语”（English for Academic Purpose），EOP 表示“职业英语”（English for Occupational Purpose）。EAP 教学目的是能用英语进行学术交流和接受高等教育，通常培养学习语言的技能及专业英语。许多英语国家的大学（如英国、澳大利亚等）为 NNS（non-native-speaking）学生开设 EAP 课程，主要为 NNS 学生顺利完成学业扫除语言障碍。ESP 课程强调语言的实用目的，在实践中发展学生的综合语言应用能力。课程强调以学生为中心的原则，教学设计以需求分析为基础，在教学内容和方法上注重多层次性。

美国作为第一强国，在日益激烈的世界竞争中，也意识到了平时对外语教育不重视，大、中学生毕业时的外语水平有限的弱点。于 1988 年开始，美国佛罗里达州大学的语言模拟训练研究中心对外语教学手段现代化课题进行研究，期望通过使用以计算机为基础的外语教学与翻译这一手段，实现全国大、中、小学的外语教学现代化。到 1994 年，美国开始将外语列入中小学核心课程，外语成了各学校学生的必修基础课。1996 年，美国政府颁布了《外语学习标准》号召全美国必须教育学生从语言和文化上武装起来，以便能在 21 世纪多文化的国际社会上进行成功的交流。亚洲邻国日本也在积极进行外语教育改革的探索，日本改变过去偏重知识性的测试等方法，增加听说能力的测试，摒弃“填鸭式”教学，制定了《培养“能使用英语的日本人”行动计划》，以提高全体国民的英语能力，提高专业人士的英语能力和从事国际社会活动人士的英语能力。世界各国都在外语教学的指导思想、教学内容、教学模式、教学手段等方面进行大刀阔斧的改革。逐步形成了从重视语言要素的评价转向重视语言实际运用能力的评价，从强调书面转向强调口头，从重视结果转向重视过程，从重视共性转向重视个性的外语教学格局。

2.6 我国大学英语教学政策执行情况的历史回顾

新中国成立以来，我国的大学外语教育政策的价值取向基本上是从属国家的教育政策和观点。在本质上表现为政治性大于技术性，在价值观上，其政治的价值、社会的价值重于教育的价值和个人的价值。新中国成立初期，政府刚成立，缺乏对国家和教育事务的管理，而党在长期的革命斗争中积累了丰富的行政管理经验，中国共产党自然成为发展教育政策的主体。人们普遍习惯于将国家教育政策看成是党的教育政策。这种狭窄的政策主体范围，使大学外语教育政策的价值在计划经济体制下不可避免地带有为国家政治、经济服务的工具性，忽视了大学外语教育政策中人的价值。表现为政治的价值、社会的价值高于教育的价值和人的价值，违背了从政治的价值、社会的价值、教育的价值到人的价值，这样一个由低到高的层级的价值取向。

2.6.1 政治中心的一元价值取向阶段（1949—1978 年）

所谓“一元价值取向”是指政治中心为取向。新中国成立以后，一方面是由于帝国主义的封锁，另一方面是苏联的大力援助，在社会主义建设初期，为了迅速改变贫困落后的面貌，毛泽东向全国人民发出了向苏联学习的号召。1953 年根据中苏友好互助同盟条约以及中苏两国之间其他各种协定，苏联派遣了大批专家协助我国的经济建设，各部门对俄语翻译人员的需求量因而剧增。在这种情况下，教育部于1953年召开了第二次全国俄文教学工作会议。以政务院和人民革命军事委员会的名义颁发了《关于全国俄文教学工作的指示》，其中规定俄语是国家外语教育要大力发展的语种。因而，当时中学和大学的主要外语课程之一就是俄语，并在全国范围内兴起了“俄语热”。这种俄语一枝独秀的外语学习高潮是由当时“一边倒”的外交方针政策和中苏关系的实际发展需要所决定的，同时也是捍卫苏联为首的社会主义阵营和反对美帝国主义的政治需要。在外语教育中过度地推广和发展俄语，在“全国学习苏联”的口号下，不顾当时外语课是英语为主的实际情况，强令高校一律开设俄语课，大学外语课程由英语改为俄语，师资缺乏，不少教师边学边教。而英语和其他外语没有得到应有的重视和对待，结果造成俄语人才过剩，其他语种的发展尚未达到应有的目标。到了20世纪50年代末，又有大批俄语教师改教英语，而且是边学边教，因此师资力量得不到保证，教学质量也难以提高。这一阶段体现出大学外语教育政策把为政治服务摆在首位的倾向性，因而给大学外语教育带来了严重的后果。

三年困难时期之后，周恩来在陈毅的陪同下先后访问了埃及、阿尔及利亚等14个国家，这次访问增进了中国同这些国家的友好关系，但同时也暴露了我国外语干部在数量上和质量上的严重短缺。根据周恩来总理的建议，邓小平总书记的指示，国务院外事办公室、高等教育部党组起草了《关于解决当前外语干部严重不足问题应急措施的报告》。报告指出，外事翻译干部在数量、语种和质量方面，都与国际国内形势发展的需要相距甚远。根据当时调查的情况“俄语人才相对过剩，其他外语人才严重不足”并提出了相应的应急措施。1964年10月由国务院外事办公室、国务院文教办公室、国家计划委员会、高等教育部和教育部五个部门联合上报了《关于外语教育七年规划问题的报告》和《外语教育七年规划纲要》。同年，中共中央和国务院批准该报告和纲要。这就是被胡文仲先生称之为“我国制定的唯一的严格意义上的外语教育规划”。《外语教育七年计划纲要》，确立英语为第一外语，决定调整高等学校和中等学校开设外语课的语种比例。纲要执行以后，建立了许多新的外语学院，原有的外语院校的规模也得到了扩大，外语教育的情况得到有效的调整。

1979年以前，新中国的高等教育价值取向同样是以政治为中心的，其依据是当时所实行的教育目的和教育方针。1950年，教育部提出了“为工农服务，为生产建设服务”的教育方针，从文字表述来看，当时的教育方针明确规定，教育首先是为工农服务，然后才是为生产建设服务，其政治性很强。1956年，教育部颁发了《中华人民共和国高等学校章程草案》，1958年，中共中央、国务院发布了《关于教育工作的指示》，这两个文件强调了要培养社会主义建设需要的、有高度政治觉悟的、忠于党和国家的“高级专门人才”。尤其是1957年毛泽东同志在最高国务会议上提出："我国的教育方针，应该使受教育者在德育、智育、体育几方面都得到发展，成为有社会主义觉悟的有文化的劳动者。"这一对人才培养的规定和标准一直是我国高校人才培养目标的基调。

在这种社会大环境下，大学外语教育存在强化政治、脱离实际的倾向，强调教育必须为政治服务。教学内容上脱离西方语言文学体系，增加了政治性、实用性的内容。教材基本上是从报刊上选出的政论文以及相关的译文，强调语言教材的思想性和政治性。大学外语课程主要学习政治词汇和政治习语，忽视了外语中不可或缺的语言基础、生活题材和语言环境。在教材的选题上，反映中国内容的译文多，反映外国内容的原文少，语言拗口，不易上口，不够地道，还存在不少中国式的外语，严重影响外语语言能力的提高。在教材的编排上不够科学，系统性不强，对外语词汇、语法、句型、篇章的安排没有按照外语学习的规律性，从教学内容到教学安排，片面强调外语教育为社会政治服务。

2.6.2 政治为主导、经济次之的二元价值取向阶段（1979—1997 年）

所谓"二元价值取向"就是指以政治中心取向与经济中心取向。1979 年至 1997 年，我国的高等教育的价值取向表现为政治为主导并开始关注经济的特征。十一届三中全会的召开，使中国的国际形势和国内形势都发生了巨大的变化。全会恢复和确立了实事求是的思想路线，确立了改革开放的基本国策，党的工作重心从以阶级斗争为纲转移到经济建设上来。大学外语教育围绕国家工作的重心，为改革开放和现代化建设提供服务与支持。为了适应社会经济的发展，开展了旨在促进学生英语综合应用能力特别是听说能力和自主学习能力的大学英语教学改革，与专业相融合的英语教材不断涌现，譬如，科技英语、金融英语、外贸英语、法律英语等。

1990 年，党的十三届七中全会通过了《中共中央关于制定国民经济和社会发展十年规划和"八五"计划的建议》，1993 年，中共中央国务院颁发的《中国教育改革和发展纲要》，1995 年，颁布了《中华人民共和国教育法》。这些教育政策的共同特点是强调要将政治方向放在教育的首位，要培养为社会主义现代化服务的德、智、体全面发展的建设者和接班人。与之前不同的是提及了"提高受教育者的业务素质"。《中国教育改革和发展纲要》提出，"教育必须为社会主义现代化建设服务，必须与生产劳动相结合，培养德、智、体全面发展的建设者和接班人"，体现了在经历了十年动荡之后，国家开始恢复经济建设，体现了国家对教育为社会服务这一功能的期待，教育应该服务于国家的经济建设。教育在"为社会主义服务"的基础上，也要为"经济建设"服务，清晰地折射出教育的二元价值取向。值得一提的是，无论是政治中心取向还是经济中心取向，其出发点都是立足于社会发展的需要，因而它们均属于社会本位价值取向，故高等教育的二元价值取向也可称为社会价值取向。随着生产力的发展，教育的经济价值日益得到了重视，但人的价值仍然继续被忽视。

经济对外语教育的影响是显而易见的，社会经济的发展是外语教育发展的基础。一个国家或地区的经济发展水平和经济实力，不仅为外语教育的发展提供了一定的经济条件和物质技术条件，同时也对外语教育的发展提出了一些客观要求。外语教育的发展需要经济和物质技术作为支撑，一方面，外语能力的提高也需要教育资源的投入，另一方面，经济的发展也会增加社会和个人对外语教育的需求，从而促进外语教育的发展。社会要求外语教育可以随着经济的发展和增长而得到相应的发展和完善，以保证为社会提供足够数量的合格、知识结构合理的外语能力强的人才；外语教育的发展一方面受到社会经济发展的制约，反过来又能动地促进社会经济的发展。

2.6.3 个人、社会、知识的三元价值取向阶段（1998年至今）

“三元价值取向”，即是指个人价值取向、社会价值取向、知识价值取向。打破政治、经济的二元价值取向的格局，走向个人价值、社会价值与知识价值“三元”共存的格局的是1998年颁布的《高等教育法》。其第五条明确规定：“高等教育的任务是培养具有创新精神和实际能力的高级专门人才，发展科学技术文化，促进社会主义现代化建设。”主张高等教育应该培养全面发展的人；高等教育应该促进社会政治、经济与文化等全方位的发展；高等教育应该坚持学术研究，以实现对知识进行选择、加工、传播、储存、创造与更新。

国务院1999年颁发了《面向21世纪教育振兴行动计划》，提出高等学校要发挥其教学、科研和为社会服务的功能；要“实施高层次创造性人才工程”；着力提高知识创新能力，培养具有创新能力的人才；创建具有世界先进水平的一流大学和一流学科；开展科学研究，追求知识的价值。主张高等教育必须同时坚持个人价值、社会价值和知识价值的“三元”价值取向。但是，其中个人价值与知识价值的实现是为了更好地实现社会价值，明显可见，高等教育的社会价值取向仍然占优势。“多出人才，出好人才”，其“人才”观念仍然偏重于功利性和工具性，注重个人对社会的贡献，不是真正的“人”的教育。

纵观我国大学外语教育的历史，可以清楚地看到社会环境影响着大学外语教育发展的轨迹。从20世纪五六十年代“全面向苏联学习”所带来的轰轰烈烈的俄语教学，到20世纪70年代后期“全民学英语”所兴起的英语教学高潮；从20世纪80年代的科技外语，到20世纪90年代后期的实用口语。这些都是在社会环境的推动下产生的，是社会对于外语人才规格的需要，以及外语教学为满足这种需要而产生的结果。虽然近年来，在外语教育领域中对大学生个人价值观和知识价值在大学外语教育中的重要性有所认识，但在实践中，大学外语教育的价值取向依然没有改变以社会价值取向为中心的传统。

第3章 改革开放以来我国大学英语教学模式研究

3.1 教学模式的概念

教学模式（Models of Teaching）作为教学论的一个术语，是在一定的教学思想指导下，围绕某一特定主题的进行教学活动，形成了较为稳定、系统、理论的教学模式。国内外对教学模式的理解并不一致，在国外较有影响的是美国乔伊斯（B. Joyee）和威尔〔M. Weil）所下的定义，他们认为教学模式是构成课程（长时间的学习课程），选择教材、指导在教室和其他环境中教学活动的一种计划或范型。国内关于教学模式的定义，概括起来有以下四种。第一种认为教学模式是在教学实践中形成的一种设计和组织教学理论，这种教学理论是以简化的形式表达出来的，可称其为“理论说”；第二种认为教学模式是在一定教学思想或理论指导下建立起来的教学活动的基本结构或框架，可称其为“结构说”；第三种认为教学模式是在一定教学思想指导下建立起来的完成所提出的教学任务的比较稳固的教学程序及其实施方法和策略体系，可称其为“程序说”；第四种认为常规的教学方法，为小方法，而教学模式则为大方法，它不仅是一种教学手段，而且是从教学原理、教学内容、教学目标和任务、教学过程直至教学组织形式的整体、系统的操作样式，这种操作样式是加以理论化的，可称其为“方法说’。

这些观点都从不同侧面反映了教学模式的一些特点，但都缺乏全面性和科学性。我们要全面把握教学模式：第一，教学模式不是方法，它与讲授、谈话之类的教学方法明显不属于同一层次。第二，模式不是一个计划，计划只是它的表现，只是这是不足以提示教学内容的思想或意图。第三，模式也不是理论，至少不仅仅是理论，它还包含了程序、结构、方法、策略等，比纯理论的东西多了。因此，我们可以把教学模式理解为一套方法来进行教学活动的系统。它是建立在教学思想和理论指导下，一个稳定的教学活动框架和活动程序。它是教学理论的具体体现，是对教学经验的系统总结。它可以直接从理论上总结出教学实践中的丰富经验，也可以在理论的指导下提出一个假设，经过多次实验后形成。

我国的大学英语教学的改革势在必行，因此对大学英语教学模式的改革的研究有着重要的现实意义。通过认真论证和研究，找到理想的，可以操作的改革方案，就能指明了大学英语教学改革的方向和实践方向。从中国改革开放以来，我们进行了一系列卓有成效的大学公共英语教学模式的改革。改革的教学模式逐步由以教师为主的传统、单纯式授课教学模式（2000，夏晓）转变为以师生互动、教学相长为主的合作式教学模式（2004，崔淑英）最后过渡到以教师为主导以学生为主体的多媒体教学模式（2004，陈炼），改革过程十分紧凑，重点集中在如何提高大学英语教学质量，围绕以学生为主体，教学目标以教学为本。在一系列的教学改革过程中，大学英语教学取得了很大的进步，在教材、课堂、教学方法等方面取得了十分可喜的成绩。

3.2 以教师为中心的教学模式

以教师为中心的教学模式以教师为中心，由教师系统的授课，学生单纯地和机械地听课为主，在教学过程中基本上是：授课—理解—巩固—运用—检查。这个过程大约是从 1978 年到 2000 年，经过了一段漫长的 20 年。从对英语教学方法的发展来看，这是 PPP 的传统教学模式，即讲解、练习和输出，这种模式已被证明不符合学生的英语学习规律，郑树德认为，我国大学英语教学的现状仍然主要是以传授知识为主，课堂教学中有很少的交际活动。

所以，传统的大学公共英语教学模式仍然一直遵循以教师为主的原则，教师重视备课、讲课内容丰富，讲解条理强，这些成为衡量教学效果的重要标志。所以这一阶段的大学英语教学是以应试为主，教学形式和方法缺乏创新，学生的学习态度不积极，学习效果不高，从语言学的角度来看，这种教学模式显然不利于学生的语言掌握。从国内的现实情况来看，1999 年前的大学英语教学模式基本上是以教师为中心。大学英语教学过程中以教师为中心的教学模式，主要有以下表现形式。

其一，认知式。认知式是一种较为流行的教学模式。其主要特点是在教学过程中依靠母语教学，以掌握英语语言知识为主，特别是掌握语法方面的知识，通过这种教学方式培养出来的学生十分被动，对教师讲授和教材依赖性极强，学生缺少自主自愿接受英语知识的机会，认知式教学模式非常不利于大学英语的学习。其二，答疑式。教师将学生学习中提出的问题进行分类，授课时围绕学生提出问题的共性和关键性问题加以详细讲解，对不具共性的问题，则对学生进行个别辅导。这种方式虽然仍是以教师为中心，但它在某种程度上关注了学生学习的主动性，因此有利于调动学生学习积极性，因人施教。其三，听说式。其核心是应用教师提供的有限数量的句型描述的一个无限数量的句子，把英语学习过程当成是养成习惯的过程。这种教学模式在我国高校的大学英语实际教学过程中运用不甚广泛。在大学英语教学中，教师往往把这三种方式结合起来，形成以教师为中心的教学模式。我国在改革开放以来的大学公共英语教学模式沿用了非常长的时间。

3.2.1 初始阶段（1978—1986年）

从1978年到1985年，大学英语教学掀起了改革的热潮，教师在教学组织、教学方法以及教材选用等方面进行了改革。部分院校将学生根据入学成绩分成快班、中班、慢班进行分层教学。但是，教学的模式基本上仍遵循传统的授课模式，以课文为中心，以语法为纲要。在这一时期，在教学中的突破是很有限的。这一时期也是我国大学英语教学改革和第二代教材改革的开始时期，但是在教学效果上收到的成效也是十分有限。在我国对以教师为中心的大学公共英语教学模式进行改革的初始阶段，教师上课基本上是认知的方式进行，而认知式教学是非常不利于大学英语学习的。

3.2.2 摸索阶段（1987—1995年）

摸索阶段的改革有几个方面是这一阶段的关键因素和关键步骤，而且这几个方面的改革是带有创造性的。第一个是对教学大纲的重新修订，同时对教材进行统一编写。第二个是“统考”。四级考试最早是从1987年9月开始，这是我国的第一次四级考试，1989年1月开始我国大学英语的第一次六级考试，1987年第一次参加四级统考学生人数就多达10万多人。第三个是“分级教学”。通过入学成绩将学生分不同级别进行教学。这三个事件都是在那个时期提出来的。这给大学英语后来的发展打下了非常好的基础。从这个时期起大学英语教学的教材开始才真正有了大纲的约束和规范，一切以大纲为主，不论是教还是学，培养了学生学习的目标性确立。英语的大学统一考试也掀起了各高校对大学公共英语教学的新定位、新思考。这是我国进行大学公共英语教学模式改革的一个摸索阶段，为我国大学公共英语教学模式由传统的单纯的授课模式向合作式的教学模式转变打好了非常坚实的基础。王嘉美（1994）以1993年四川本科院校“四级考试”结果各高校通过率差别较大为例，指出了大学英语基础阶段教学模式的课程设置、课堂教学模式等存在问题，颜渊（1995）对大学英语精读讲解课教学模式后表明，提高教学效果除了课堂教学方法得当，教学重点突出，难点清楚外，还要注意引导学生积极参与教学活动。这些研究表明，当前的以教师为中心的教学模式是不利于教学的发展，不利于学生的提高学习效果的。虽然很多学校进行了大学英语教学的改革尝试，但是毕竟还是处于摸索阶段，这个时期的改革结果是引起了各高校对英语教学模式改革的重视。

3.2.3 发展阶段（1996—2000年）

在发展阶段，全国高校对公共英语教学的模式进行了较为深入系统的修改与变革。首先是教育部将培养应用型人才为目标，对大学英语教学大纲的修改和修订。教育部文理科两个大纲合并成了一个。其次是着重强调较强的阅读能力和较高的听说写译的能力，培养学生的全面发展。同时在发展阶段全国对大学公共英语四、六级考试作了题型、内容上的调整并实施大学英语四、六级考试口语考试。在这个模式的发展阶段取得最大的成绩是教材确立了社会、以现实为依托，现实主义已经占主导地位。这为我国大学公共英语教学模式改革进入第二个变革的模式——合作式教学模式奠定了最重要的一步。在这个时期，很多研究人员开始探讨由以教师为主角到以学生为主角的转变，刘宽平（1999）研究了大学公共英语教学模式的改革后提出，英语教学要想摆脱尴尬局面必须在教学模式上实现学生从填鸭式到启发式的转变，由教师为主角到以学生为主角的转变。同时，李毅（2000）在研究大学公共英语教学模式的定位时得出结论，我国大学公共英语教学模式应该使教学以"教师为中心"转变为以"学生为中心"从而使学生成为外语教学的主体，教师是教学的组织、协调和督促者。这是符合"外因通过内因而起作用的"这一辩证规律的。可见，改革开放以后到2000年以前，我国大学公共英语教学模式改革的研究热点是如何使教学中心由教师转变为学生。这些深入的研究为我国进入以教师为主导，以学生为主体的合作教学模式奠定了良好的基础。在这个阶段当中，学生在教学中不再只是充当被动的接受知识者。在改革的发展阶段，大学公共英语教学模式基本上采用了答疑式的教学模式。它在某种程度上关注了学生学习的主动性，因此有利于调动学生学习积极性，因人施教。特别是符合教育部当时提出的着重强调较强的阅读能力和较高的听说写译的能力，培养学生的全面发展的要求。

3.2.4 特点与不足

1. 以教师为中心的授课教学模式的主要特点

（1）教师是知识的传授者，在教学的过程中，学生很难超越教师的教，一切都围绕课堂的教学；教师是教学的绝对主导者，监控整个教学活动的进程。

（2）学生是知识受动的对象，是外部刺激的被动接受者。学生不可能将学习的积极性完全发挥出来，在教学的过程中始终是被动的。

（3）教学内容基本由教材决定，教材是学生的唯一学习材料，教师在课堂上也是围绕教材开展教学的，很难突破教学上以教材为中心的地位。

2. 以教师为中心的传统教学模式的不足

（1）教学方法枯燥单调。以教师为中心的传统教学模式低估了学生对语言的理解能力和主观能动性，使学生只能作为被动的语言知识接受者，直接影响到学生学习的积极性和运用语言的能力，不利于具有创新思维和创新能力的创新型人才的培养。

（2）教学观念陈旧狭隘。完全由教师主宰课堂，过于强调和重视知识的传授，忽视对学生语言能力和综合素质的培养。所以在这个教学模式主导的教学阶段，学生学习的英语是死的，学生使用英语的能力非常差。

(3) 由于过于强调篇章结构，教材篇章选择受传统文本的影响较大。在20世纪90年代初的大多数大学英语教材中，过分强调对“经典”的学习，缺乏时代感，体现不了现代英语的特点，直接影响了大学英语教学内容的现代化，影响了大学英语教学的发展。

(4) 传统的以教师为中心的教学模式对大学英语教学造成了大学生的英语写作能力和翻译能力的低下。传统的教学模式由于实施的是一言堂，以教师为中心，学生只是一个按照系统要求实现目标和教学任务的客体，因此在很大程度上限制了学生的英语写作能力和英汉互译能力等的发展，从语言学习的角度来看不符合学生全面发展的要求。

(5) 传统模式下的英语教学不注重培养学生使用英语的交际活动能力，忽视了语境和环境对听力的影响，忽视了对听力策略的培养，把听力作为一种单独的技能，用乏味的方式进行有限的训练。它造成了大学生听力水平普遍不高。它主要表现在学生听英语的机会较少，除了上课时间几乎听不到英语；听力策略差，缺乏完整的听力训练体系；缺乏对听力材料的背景知识，即英美文化知识的理解；听音环境和设备不理想。

(6) 传统的以教师为中心的教学模式的大学英语教学限制了学生学习潜能的发挥。由于教学环境和学习环境单调、呆板，教学过程程式化，有学者将这种传统的教师为中心的教学模式比作“填鸭式”教学模式并指出，以教师为中心，教师讲解多于学生语言运用活动，学生参与交际的机会少，严重地束缚了学生学习潜能的发挥。由于传统的以教师为中心的大学公共英语教学模式忽视课外学习内容和课外活动的安排，教师与学生交流比较少，基本上没有现代教学的互动环节，不符合语言的习得规律。

3.3 以教师为主导学生为主体的合作教学模式

进入新世纪后，我国社会和经济的快速发展以及国际社会大环境对外语的要求更高，所以上至教育部下至各高等院校都进行了广泛的英语教学改革研究。大学英语教学改革旨在提高教学效率，促进学生英语水平的全面提高。为了达到这个目标，当时的大学英语教学界需要从根本上转变传统的教学观念。所以，有人提倡广大教师应该首先需转变教学思想，更新教学观念，不再为教师的教为中心，而是以学生的学为中心，以学生为中心，围绕学生的需求，培养满足社会的要求的外语应用型人才，同时把过级考试当成英语教学的终点，教学内容必须从语法点的讲授转向培养学生的交际能力，教师的角色从知识传授者变为语言实践的指导者和质量监督者，教学模式从传统的教师为中心转变为以学生为中心。于是产生了以教师为主导学生为主体的合作教学模式。

合作模式为互教互学，是一种合作性的教育方式，其教学的过程基本上为兴趣激发—学习—讨论—练习—评价。合作教学模式的改革是在社会飞速发展，高校培养出来的人才已经不太适应当前社会对应用能力较强的人才的需求而提出来的，随着我国国际互动的日益频繁，需要我们培养出能用的外语人才，所以这个时期最大的特点是教学模式中以师生互动，更多地探索如何培养应用型人才为主。

3.3.1 以教师为主导学生为主体的合作教学模式的改革历程

1. 起步阶段（2001—2004年）

把两个教学模式划分的年份界定为2001年是基于2001年教育部下发的《关于加强高等学校本科教学工作提高教学质量的若干意见》，提出十二条加强本科教学工作、提高教学质量的措施和建议。该文件应该是我国对大学公共英语教学模式进行改革的一个先导文件。随后，2003年教育部正式启动“高等学校教学质量与教学改革工程”的总体方案和基本思路，作为“高等学校教学质量与教学改革工程”重要内容之一的大学本科公共英语教学改革开始进入实施阶段。主要开展四项任务：①高等学校精品课程建设；②大学英语教学改革；③评选表彰高等学校教学名师；④开展高等学校教学评估。四项工作中的有两项与大学英语教学有关。因此，一系列的改革都是在2002年以后才开始施行，而这些改革的内容都是为了突破传统的以教师为中心的授课式教学模式，所以本书将改革开放以后的30年我国大学公共外语教学模式的改革归结为传统的授课为主的教学模式以及以互动教学为主的合作式教学模式以及最近的多媒体主导模式的改革。

2003年2月教育部门专门成立了由高校大学英语教学第一线的专家，教育教学管理部门的同志以及外国同行专家一起组织了大学英语课程教学要求的项目组，通过项目组专家近一年的辛勤工作，完成了大学英语大学教育课程的实行方案并召开了发布会。同年，教育部正式启动国家精品课程建设。这一年只有复旦大学、上海交通大学和华南理工大学三所学校的大学英语课程获此殊荣。大学英语教改课程的实施以及大学英语精品课程的建设是我国大学公共英语教学模式改革由传统授课模式向合作式教学模式转变的重要内容。2003年许金英、李侦从英语学科实际出发进行研究，认为英语不同于其他基础科学，它是一门实践课，其语言技能是需要通过学生个人的实践才能培养和提高的，因此，它的教学效果应以学生的学习效果为依据，而学习效果在很大程度上取决于学生的主观能动性与参与性，所以正式提出了以学生为中心的教学模式。同时，2003年马冬虹在中国高教研究中发表文章，指出大学生学习英语的主要目的不是为了“研究”而是为了“应用”，既要获取信息，也要交流信息，应该坚决摒弃“应试教育”，大力提倡“素质教育”，而且提出了构建以学生为中心的大学公共英语教学模式。

这种教学模式有四个典型的特点：第一，学习的互动性。该模式强调师生之间的学习互动，学生被看成是教师的合作者，他们需要相互合作来确定教学的目标和完成的任务，执行、评价、修改写作策略以及策略获得的程序。第二，学习的个性化。为了能够改善每个学生当前的写作方法，教给他们有效的写作过程和技能，这种教学采取个性化的方式。教师根据每个学生的能力和需要，给予个性化的反馈和支持。第三，学习的标准化。这种教学是以标准而不是时间为基础的。学生按照自己的进度来进入每一教学阶段，每个阶段的标准完成后才可以进入下一阶段。只有学生掌握了学习策略并且能够充分有效地使用这些策略时，教学才可以结束。第四，学习策略的过程化。自我调节策略开发是一种不断发展的过程，在这个过程中，要不断引入新的策略，更新前面教过的策略。

2004 年，教育部颁布了《大学英语课程教学要求》，提出了大学英语教学改革的任务，并指明了方向。在大学英语教学改革的形势下，大学英语教师的角色应重新定位，教师不再是单一的知识传播者，而应是信息资源的收集、分析和提供者，学生学习过程的指导者和帮助者，是合作学习的组织者、引导者和协调者，是信息化学习环境的管理者和开发者，是学生学习的评价者及终身学习者和教学的研究者。2004 年是合作式教学模式改革的关键年。我国在飞速发展，教育事业也在快速发展，为了培养大规模的人才国家在加大对大学教育的投入，但是为了解决教育资源的问题，为了更充分地利用网络资源，教育部于 2004 年组织制订了以强调听说能力为主的《大学英语课程教学要求(试行)》《要求》指出：鉴于我国高校大学生人数迅速增长和可利用教育资源的相对有限，我们应当充分利用多媒体、网络技术发展带来的契机，采用新的教学模式改进原来的以教师讲授为主的单一课堂教学模式。新的教学模式应以现代信息技术为支撑，特别是网络技术，使英语教学朝着个性化学习、不受时间和地点限制的自主式学习方向发展。这个文件的颁布表明了教育部门的高层领导为搞好我国外语教学改革的决心，也为大学英语教学与外语教育技术的全面整合打下了扎实的基础。同时，教育部副部长吴启迪指出，英语教学理念与教学模式面临着重大改革，并明确了今后大学公共英语教学模式转向多媒体教学的改革。这为我国大学英语教学转到以教师为主导，学生为主体的媒体教学模式改革奠定了理论上的基础，虽然，我国一些教学水平较高的高校在年前已经开展了多媒体教学的研究，但是真正由教育部权威发布和要求是从 2004 年开始的，所以从 2004 年以后，我国真正走向了学生为中心的多媒体教学模式，并取得飞速的发展。

然而，经过众多的研究表明，在教育部呼吁大学英语教学改革的模式朝着以教师为主导，学生为主体的多媒体教学模式方向发展的同时，由于是改革的第一年，还是存在一定的不足，而最大的问题就是教师利用多媒体进行教学的理念转变还不够彻底。教师理念是指教师对有关教与学现象的某种理论、观点和见解的判断，它影响着教育实践和学生的身心发展。大学英语多媒体网络辅助教学要求教师的角色从主讲课文转变为主导课程，从讲授语言知识转变为组织交际活动，从照本宣科转变为设计和创作个性化教案，从单纯语言教师转变为语言文化专家。那么该如何从单纯的讲解到“设计”主题任务，“组织”课堂教学，“指导”学生学习，“评估”学习活动就成为新模式中的新课题。相对于迅速兴起的大学英语多媒体网络辅助教学，老师在教学信念上受传统束缚太大，在教学方法上的准备又不充足。而如何改革众多教师的教学观念，特别是如何带动一些老教师充分利用多媒体、网络技术发展带来的契机来改革大学公共英语教学模式，是这一年特别需要解决的问题。

2. 完善创新阶段（2005—2007年）

2005年的教学改革主要有两方面：一方面是进行新一轮大学英语四、六级考试的改革。这是继1999年实施大学英语四、六级考试口语考试后，全国大学英语四、六级考试委员会所作的一次重大的考试改革。改革要求：从2005年6月起开始试点考试，四、六级考试成绩将采用满分为710分的计分体制，不设及格线，成绩报告方式由考试合格证书改为成绩报告单，即考后向每位考生发放成绩报告单，报告内容包括：总分、单项分等。另一方面是从2004年8月12日，教高司下发《关于调查大学英语教改试点工作进展情况的通知》后，通过一年的改革，在2005年7月31日前各试点高校均完成了教改内容。在大学公共英语教学模式、教学方法、教学手段、教材编写、考试和教学管理等方面进行了一系列重要改革与建设，形成新的大学英语课程体系，并与教学管理体系相匹配。据资料报道，截至2005年，许多高校的新生已全面参与网络环境下的大学公共英语教学模式，使用教育部指定大学英语学习软件的学校已达400多所，使用学生接近100万人。2005年陈佳以教育部提出的教改基本思路为背景，国民经济计划大学英语教学改革中的问题提出了如何实践大学英语多媒体教学。蔡向凡（2005）深入研究了大学公共英语教学模式后提出了如何在大学英语多媒体网络教学模式中坚持学生与教师的互动性原则。

对教学模式进行一系列的向多媒体方向转变的研究；成为我国贯彻教育部关于大学英语教学的方针，为确实提高学生的英语实用能力、实践水平起了极大的推动作用。相关的研究表明，在这一年的改革当中，出现了两极分化的现象，一方面是部分教师、部分高校进行利用多媒体进行教学的改革力度不大，理念转变不够，而另一方面是表现在多媒体的滥用。在网络多媒体教学的转型过程中，存在教师不顾实际教学的需要，盲目使用各种媒体，使课堂中的信息过多过滥，造成无效信息的泛滥，这样会分散学生的注意力，不仅不能辅助英语教学，反倒会影响教学目标的实现。甚至在一些地区，一些学校形成“无多媒体不成公开课”的局面，教师所采用的多媒体英语课件，只是简单的文字加图片，是用投影片完全能实现的，这样大材小用，造成大量资源浪费，多媒体英语教学成了名副其实的“多媒体”教学模式。如何改革这两方面的问题呢？2007年，教育部颁布了新的《大学英语课程教学要求》，进一步明确了大学英语教育改革的方向。

3.3.2 以教师为主导学生为主体的合作教学模式的优势分析

大学生们对采用合作学习的教学模式是满意的，效果也是明显的。这种教学模式切实有效地调动了学生的学习积极性和参与性，提高了整体学习成绩。同时提高翻译、写作和口语能力，进一步提高学生使用语言的能力。而且使学生更好地实施自己的学习计划，监控自己的学习进度，提高学习的效率，以及促进了自主学习的能力。事实上，合作学习的确改变了传统课堂中“老师讲，学生听”的单向模式，由于从单纯的教师讲解转向了学生参与活动，这种教学模式对于我国英语教学、尤其是大学英语的教学而言有着巨大的潜能。通过随机对武汉体育学院200名在校本科分发对合作式教学模式的效果进行调查时，绝大多数的学生对这种教学模式持非常肯定的态度。我们可以看出，45%的学生认为以教师为主导，学生为主体的合作式教学模式提高了学习的效果，28%的学生认为这种教学模式能提高英语口语能力。

1. 合作式教学模式增强了学习者的自主性

传统课堂的学习环境更有利于学习好的高才生，不利于那些性格内向、学习水平稍低的学生；而在合作学习的课堂，每个组员为了达成共同的目标，必须要贡献自己的力量给所在的小组。这种相互依赖的关系使学生学会了彼此尊重，从而很容易便看到其他人身上的优点。个人的努力很容易得到小组其他成员的认可，这样便抵消了传统课堂上那种惯有的焦虑现象，从而使整个学习环境变得宽松而高效。语言的习得也就很自然地能够克服常见的心理恐惧。另一方面，学生一改被动接受语言输入的传统，不再单纯地来学习语言，而是用所学的语言来探讨问题和解决问题。语言学习因此不再成为一种巨大的压力而成为了一种巨大的动力，学生学习的自主性也因此而得到了加强。国内外许多合作学习的研究成果证明，合作学习能提高学生在语言习得中的学习动机，而在语言习得方面，学习动机是非常重要的。

2. 合作式教学模式增强了口语交流的机会

传统课堂是以教师为中心，由教师来组织教学，教师占用课堂大部分时间进行讲解；而合作学习的课堂为学习者提供了大量的参与到语言交际中机会，提高了学生实际运用语言的交际能力。而这种口语交际又是以合作技能培训为基础的，学生可以在适当的时间，适当的场合自如地使用恰当的语言来交流思想，所以这种口头交流活动是真实的，获得的效率的性质远高于传统的英语课。传统课堂的交际方式多是单向的，学生发言机会不但少，而且发言大多是机械回答固定的问题；而在合作学习中，语言交际是面对面地进行的，且交际可以发生在师生之间、生生之间。

同时，为了完成小组任务，小组成员必须进行互相之间的讨论、辩论等交际行为，从而扩大了语言的交际范围。

3. 合作式教学模式提高了学习者主动学习的能力

由于合作学习教学模式下的课堂是一个活动型的课堂，因此学生在课前与课后必须做好准备工作，这会使学生形成寻找及储备学习资源的技能。语言的学习要求学生进行大量的阅读、积累大量的词汇以及英美文化等方面的知识。合作学习为学生提供了寻找和存储资源的技能，从而大大促进了学生主动学习的积极性。在合作学习中，教师不再是向学生灌输知识的填鸭者，而是资源的提供者，学生学习过程的管理者。由此可见，合作学习有着强大的激发学习的力量，学生学习语言的时间、地点乃至于内容都得到了极大的扩展。

综上所述，合作教学模式作为一种以强调平等与合作为鲜明特点的活动型教学模式与当时我国的大学英语教学改革思想不谋而合，并且符合语言习得的规律，能够运用到大学英语的教学当中。教师与学生的这种合作学习教学模式理论已经在实践中得到了很好的验证，它以教学中的人际合作与互动为基本特征，从近些年的教学改革看，教师与学生合作学习的教学模式确实在教学实践中体现和发挥了它的作用。但是合作学习是否有效是它的核心问题，也是在教学实践和学生学习过程中需要密切关注的问题。虽然合作学习的教学模式在提高学生主动学习的能力，增强了学习者的自主性以及增强了口语交际的机会，但是随着高校教育改革的更广泛更深入的施行，伴随着社会的不断进步，新问题又出现了，学校扩招的力度加大，学生学习英语的热情更高，国际社会对大学英语教学的要求又提高了，教育部又提出了大学公共英语教学模式应当充分利用多媒体、网络技术发展带来的契机，因此，高校应继续深化改革，将大学公共英语教学模式的改革推向更高的高度。

3.4 以教师为主导学生为主体的多媒体教学模式（2008年至今）

从2008年开始，国内对基于多媒体的利用网络资源的教学模式探索进入了深层发展的时期，取得了较大的成绩，在促进学生的英语水平全面发展，提高英语教学质量等方向取得了长足的发展，但是这个模式的教学也还存在一定的不足，如片面地夸大了多媒体教学模式的教学效果，过分地依赖多媒体教学模式以及没有完善多媒体教学模式的测评体系，部分内容教学效果得不到保障等（张珍珍，2008）。学生网上交际和情感交流能力不强。课堂教学不仅仅是传授知识的过程，更重要的是师生互动和情感交流的过程。而采用多媒体教学后，教师很少板书或不再板书，也很少走动，只坐在位于角落的主控台前面边操作鼠标边进行讲解。由于眼睛只盯着电脑显示器，不能面对学生，不能与学生进行交流，结果本应生动活泼的多媒体课堂教学成了变相的填鸭式“满堂灌”。

由于教室里没有了教师的音容笑貌和幽默风趣、抑扬顿挫的激情讲解，没有了师生的情感交流和眼神沟通，课堂的气氛显得相当沉闷，不利于调动学生参与课堂活动的积极性。学生学习效果不佳：计算机多媒体教学是一种个性化的教学，在多媒体和网络技术的教学环境下，学生面对的是铺天盖地的信息浪潮和各式各样的信息媒体，学生利用信息工具获取信息、分析信息的能力差异很大。多媒体课堂教学活动中，学生有时会不由自主地偏离教学主题而进行一些其他活动，如在因特网切入网络课堂上，有些学生会浏览与教学内容无关的网页；有些学生在所使用的计算机上拷入游戏程序把英语课堂变为游戏室；还有些学生在多媒体教室所进行的“健谈”中，在对话框中键入中文信息，偏离了英语学习。种种实际情况表明面对网络、电子音像产品和游戏的诱惑，很少有学习者完全专心地进行语言学习，这样采取网络多媒体学习造成适得其反的效果。到2015年为止，国内各个高校不断地对英语的教育模式进行探索，并指出其中的问题，如《试论新型评价在大学英语教学中的实施和问题》(雷唯蔚，2015)、《大学英语教学中翻转课堂模式的应用分析》(钟钰，2015)、《大学英语教学与协商性学习合约》(缪学，2015)等。

在我国，网络多媒体技术被广泛应用于大学英语教学也只不过是短短的五年时间，由于其在很大程度上优化了英语教学环境与教学资源、教学目标与教学过程，提高了学生的学习效率和教师的学习效果，而被广大院校普遍地认可和重视，以教师为主导、学生为主体的多媒体教学模式的优势主要体现在下述几个方面。

1. 教师角色的转变

以教师为主导、学生为主体的大学公共英语教学模式能帮助教师更新观念。在传统的英语教学中，英语教师的角色是“传道、授业和解惑”，在“满堂灌”和“一堂言”的教学模式下，教师完全忽略了以学生为主体、师生互动的教学原则，而以多媒体网络技术为支撑的英语教学模式打破传统的英语课堂教学模式，使传统教师角色和教学模式受到冲击，教师的角色将从单纯的传授知识为主转变为设计教学为主。这一变化要求教师要审时度势，更新观念，树立适应形势和社会发展的外语教育观、知识观和人才观。教师的角色也将由原来的教转到导上来。教师不再是“权威的领导者”，而是课堂教学活动的“设计者、指导者、合作者和帮助者”。多媒体网络模式的应用和教师角色的转换，这反过来又会促进教师学习新的教学理论、教学方法、多媒体网络技术、课件等方面的知识，这对促进和推动英语教学改革无疑是十分有益的。

2. 学生自主性高

以教师为主导、学生为主体的大学公共英语教学模式的教学能体现“以人为本”的教学理念，有助于学生的个性化学习。这种教学模式打破了传统英语课堂教学模式的时空界限，构建了一个无限开放的教学空间。学生不再受课堂教学时空的束缚，可在任何时间、任何地点借助电脑光盘课件和网络进行自主学习，遇到语言难点还可反复学习，直到弄懂为止。学习的时间机动可长可短，由自己灵活掌握；学生还可根据自己的水平和实际情况自由选择不同级别和水平的学习内容，自己哪方面比较薄弱，学习时可有所侧重，既可训练听说、词汇语法，也可训练对课文的理解能力等。这种教学模式是真正意义上体现“因人而异，因材施教”而符合语言的教学规律。以教师为主导、学生为主体的大学公共英语教学模式有利于解决因扩大招生所带来的教师短缺、大班上课的问题，在教学课时十分有限的情况下，教师可以布置和要求学生在课外利用多媒体进行“大运动量”的语言技能的自我训练。

3. 教学实践性强

英语课程从本质上来说是一门技能训练和实践课，它强调学生进行大量的语言技能强化训练和语言实践活动。建构主义认为：“知识不是通过教师传授得到的，而是学习者在一定的社会文化背景下（一定的情境），借助其他人（教师和学习伙伴）的帮助，利用必要的学习资源，通过意义建构方式获得的”。因此，在以教师为主导、学生为主体的多媒体教学模式下，教师借助多媒体网络为支撑的教学平台，创设符合教学内容的真实情景，让学生有内容可听、有话可说，使其语言能力在实践中得到锻炼提高。多媒体教学模式的实践性是传统的以授课为主的，以教师为中心的教学模式替代不了的。

4. 授课内容丰富

多媒体技术能提供文字、声音、动静态图像一体化的界面，教师可灵活地切换教学中所需要展示的内容，这使得课堂教学内容变得更逼真、更充实、更具形象化和更具吸引力。在以教师为主导的课堂教学当中，教堂利用媒体后授课效果更生动，更容易被学生所接受，同时，网络资源取之不尽、用之不竭，学生可以从互联网上查阅或下载与学习内容有关的资料，如文化背景知识、学习参考资料、图片等，也可利用局域网提供的平台和主机提供的软件进行自主听、说训练，提高听说的语言应用能力。因此，在多媒体网络教学模式中的信息量是传统以教师为中心的课堂教学模式所不能比拟的。

3.5 三种教学模式的评析

以教师为主的传统、单纯式授课教学模式是传统型的教学模式，由教师组织、监控教学活动的全过程。教师是知识的主动传授者，学生是知识的被动接受者；教材是知识的主要来源，有限的教具是教师的辅助演示工具。其特点是注重知识的系统传授，有利于教师主导作用的发挥。但是是由教师主宰课堂，并用统一的标准衡量不同能力的学生，而忽视了学生作为学习主体的作用。以师生互动、教学相长为主的合作式教学模式：学生是大学英语学习的主体，是学习效果好与差的最关键的因素。成功的英语学习的外因是包括教师在内的语言环境，内因是学习者本身。外因起引导作用，内因起决定作用。教师如何引导学生掌握有效的学习策略，充分吸收语言输入，是这个大学公共英语教学模式取得良好的教学效果的关键。语言教学不仅仅要教授学生语言的知识，还要帮助学生掌握知识，培养学生运用知识的技能。

以师生互动、教学相长为主的合作式大学公共英语教学模式是以学生为学习的主体、重视师生及学生与学生之间的双向协调活动的教学模式。尽管该模式在很多方面有长足之处，但是在我国大力推进教育信息化的今天，光是依靠课堂内的教学是远远不够的。以教师为主导学生为主体的多媒体教学模式以现代信息技术，特别是网络技术为支撑，使英语教学不受时间和地点的限制，朝着个性化学习、自主式学习方向发展。它体现了英语教学的实用性、知识性和趣味性相结合的原则，在充分调动教师和学生双方面的积极性，尤其是确立学生在教学过程中的主体地位方面较前面两个模式更符合语言教学的规律。同时，新型教学模式在技术上还体现了交互性、可实现性和易于操作性。实践也证明，这种教学模式适合信息化教学。但由于诸多原因，该模式也存在着一些缺点。缺点一“课件万能”。虽然课件加大了信息量，解决了教学内容多、学时不足的矛盾，但由于计算机信息处理技术的限制，课件还不具备体语、表情等表达方式，无法满足人类情感的交互需求。缺点二“满堂放”。采用多媒体教学模式的过程中出现了将教材电子化，但仍沿用传统的教学模式，这样便出现了以课件为中心的“满堂放”。

通过对以上三种主要的教学模式的比较可以看出，每一种模式都存在着优缺点，传统教学模式既然能“传”而“统”之，必然存在着延续的价值，合作式教学模式更注重学生间的交流互动，而多媒体教学虽然有其现代化的特点但在培养学生的语言交际能力方面也存在一定的局限性，因此，如果在各自优势的基础上，互相弥补不足，就能够形成更为有效的大学公共英语教学模式。我们要知道，任何一种教学模式都是为了达到教学目标服务的。我们要学会利用多变的教学模式实现既定的教学目的。在实践中依据教学目标、教学内容、教学对象、教学条件和环境，灵活而开放地选取教学模式，并在教学时间中对各类模式不断地发展，为大学公共英语教学的发展作出更大的贡献。

改革开放以来，大学公共英语教学模式的改革，从根本上来说，是为了实现从以教师为中心、单纯传授语言知识和技能的教学模式，间以师生互动，教学相长为主的合作式教学模式和以教师为主导，学生为主体的多媒体教学模式转变。后两个教学模式基本上是以学生为中心，既传授一般的语言知识与技能，更加注重培养语言运用能力和自主学习能力的培养。大学英语教学改革的特点是教学理念的转变和教学模式的改革，保持新的教学模式继承传统教学模式之优点，以现代信息技术和网络技术为支撑，使教学朝着个性化、自主式方向发展。对于现代信息技术和网络技术支撑下的大学英语教学改革，不能只把目光放在新的技术使用上，要注重教学模式、教学方法和教学重心的真正扭转。

教育部高教司司长张尧学曾经于2003年在《关于大学本科公共英语教学改革的再思考》中指出，“大学英语教学多年来取得了成绩，包括理工科学生在内的大学生英语水平都在提高，但是我们不能只看成绩，还要看大学英语教学的发展以及现在使用的教学方法、教学手段是否能适应高等教育的发展”。由于社会的进步和生活水平的提高，人民受教育的期望值也不断提高，我国的高等教育正在走大众化的道路，高校扩招是一个不可逆转的事实。高校招生人数的增加使大学英语教师的短缺现象更加严峻，所以仅靠现有的教师按照现有的教学模式不可能有效地完成艰巨的大学英语教学任务。除了加大教师的培训力度，使他们更有效地进行各类教学之外，更重要的是对现行的教学目标、教学内容、教学方法、教学手段、教学评估等进行全方位的改革，使之适应新的教育形势，有利于达到新的教育目标。目前全球经济一体化的步伐正在加快，世界范围的交流与合作日益增多，单靠外语专业培养的人才远远不能满足国内外形势飞速发展的需要。因此，社会对非英语专业毕业生的英语水平的发展提出了更高的要求，社会的飞速发展成为大学英语教学模式的内在原因。

与社会需求相比较，现有的大学英语教学体系培养出来的大学生在英语综合应用能力方面有明显的欠缺。特别是“口语交际能力十分低下”。许多学生没有实现从简单对话到与工作相关主题的交流的跨越，众多高校培养出来的外语专业毕业生语言地方味浓厚，哑巴英语的现象更多。同时，在研究中发现，现行的大学英语课程设置存在不少弊病。由于应试教育的影响，多年来，学生的学习积极性不高，缺乏对英语学习的兴趣，这在客观上妨碍了英语应用能力的培养。现有的课程设置强调课堂教学，忽视了课外教学与学习，重视阅读与听力教学，缺乏对口语、写作与翻译教学的关注。这样的安排导致了语言技能发展的不平衡，使国内的大学英语教学出现了“费时低效”的局面。

3.6　国内体育院校现行教学模式概述

3.6.1　体育院校现行的教学模式

在学生英语入学水平普遍较为薄弱的体育院校，怎样施教？如何鼓励学生的英语学习？这成为我们研究的一个重要课题。通过调研发现，目前国内体育院校的大学英语教学大致可以分为以下五种模式。

模式一：传统的英语教学模式

课程设置为课堂教学，教学内容为读写课+听说课。教师在课堂教学过程中起权威作用，强调语言系统的掌握对语言习得的作用。教学方法是语法翻译法。学生的语言能力主要通过以教师为中心的课堂讲授和布置任务等方式得到强化，如学生收听光盘录音等。评估手段为平时作业和期中考试成绩约占总成绩的30%，期末考试约占70%，终结性评估仍然是主要评估方式。目前在国内所有体育院校中未参加新模式实验的班级和多数对照班均属于这一模式。

模式二：网络辅助下的传统英语教学模式

课程设置与模式一相同，随着教学环境的改善，教师拥有现代多媒体的大教室，可通过校园网向学生提供网络教学平台，适宜大班上课。运用多媒体网络教学手段，教师课堂上采取有针对性地讲解课文、辅导难点，读写听说相结合，较注重语言能力全面培养。教法是读写课采用传统语法翻译法，听说课采用听说法，多维度地输入语言，努力提高学生的英语水平和语言能力。该模式与严格意义上的传统模式有所区别：比如，教师课堂上可用多媒体教学平台，或连接网络资源或展示教师自制的Powerpoint电子课件。然而，这种模式仍然是以教师为中心的传统教学，没有摆脱“满堂灌”的局面。

模式三：网络环境下的以学生为中心、教师为主导的合作教学模式

此教学模式近几年来已趋于多元化，在体育院校中也涌现出多种多样的大同小异的模式。无论是课程设置、网络教材及课件编制，还是教学方法和技巧方面，其共同点都是以学生为中心，注重发挥学生主题意识和自主学习能动性，教师起主导作用。核心是完成任务、解决问题和分析案例。注重学生听说能力的培养，情景的创设。其教法打破传统的单一的单向传播，代之以启发、讨论与研究的知识传播。注重整体语言教学，听说读写结合。这种适宜学生个性化发展的教学模式往往更加重视形成性评估。目前各体育院校都有这种新模式的实验班级，但还没有大面积推广开，因为研究也发现，这种模式存在一些问题亟待解决，如基于网络学习模式缺乏积极的情感交流，教师应从心理上给予辅导。

模式四：分级英语教学模式

这个我国体育院校常见的一种教学模式，但仍然是以教师为中心的教学方式，在师资配备、教学手段、检测方法等方面与传统模式无异。只是在入学时为解决学生成绩参差不齐的问题，根据入学考试的成绩或者摸底考试的成绩进行分班分级教学。这种模式常常把成绩优秀与成绩差的学生分别编成快班和普通班，目的是一方面满足一部分外语基础较好、学有余力者的需求。通过增设高级课程如翻译、口译等专业基础课程，对学生进行语言应用专项能力的综合训练。另外，也可照顾普通班学生进度慢、需提高综合应用能力等需求。

模式五：中外合作办学教学模式

现在大多数体育院校都与国外的大学有合作关系，模式五与前面四种模式的不同表现在：学生大多是来自全国各地高考录取分数线以下的考生。办学方式就是与国外大学联合办学，如武汉体育学院与英国朴茨茅斯大学，北京体育大学与英国诺森比亚大学等。教学大纲、教学计划、教材、课程设置及评估等都是外方制定的。教师主要以中方为主，外方派教师担任个别课程如口语课。外方教学模式多采用"特殊用途英语教学模式"（ESP）"或"学时用途英语"（EAP）或"持续型学科知识的语言教学模式"（SCLT）。这些模式的一个共同点是将学习者的外语学习与专业学习有机地结合在一起，即为实用目的而采取的英语教学，其目的往往是某一职业性的要求或规定。这些合作办学项目整体上注重语言教学与专业结合或向专业过渡。采取小班型、分级滚动的教学方式，采用国外英语教材、教法和评估手段，课程设置较细且结合任务式、IT技术进行教学和测评。通过不同文化背景的教学合作，达到教学优势互补、优化教学质量的目标。这种教学模式对学生的学习能力要求更高，在各体育院校的国际班中每年能顺利出国交流学生的学生比例不高。

3.6.2　对体育院校现行教学模式的评析

以上列举了目前国内体育院校五种并存的教学模式。笔者现就上述模式作综合评析：五种模式各有所长，同时也各有所短。教学模式受制于学习目的、内容。也就是说不同的教学内容，教学目的必然影响到教师的教材选用方法或技巧的制定、课时的分配以及评估的方式等要素的构架。因此大学英语教学模式不应该是绝对定型的教学模式。有的体育院校在教学改革实验中过分强调网络的作用，也是有点"扬短避长"。根据已有的实验研究表明56%的学生对阅读电子文本持否定态度；80%的学生认为阅读电子文本有视觉疲劳；75%的学生认为阅读电子文本做笔记困难；即使是81%的学生认为电子文本提供更多的信息也只是指多媒体教材中的图片、影音等材料的链接；多媒体网络具有形象直观、界面友好的优势。笔者认为，目前，我国体育院校的网络设备有限，多媒体网络这些优势应限于视听说自主学习为妥，网络阅读应以学生课外自主复习难点注释和整理补充笔记为主。因此，明确数码和网络环境下教学目的及其有效性教学研究是今后我国体育院校大学英语教学改革亟待解决的问题。

第4章 新型大学英语教学模式改革探索

随着经济全球化的趋势日愈明显，水涨船高，对高校毕业生的英语水平，尤其是专业英语的水平也有了更高的要求。为此，各体育院校也在积极寻求改革举措，以适应国家社会发展提出的新需求。笔者尝试对各类新型的大学英语教学模式进行初步地思考，结合大学英语教学中的几个关键问题进行比较分析，试图帮助师生们探寻一条可行的改革之路，培养应用型人才、复合型人才和拔尖创新型体育人才，使体育院校毕业生能更好地适应国家的发展需要。

4.1 英语校外培训的发展

4.1.1 校外英语培训的定义

根据联合国教育、科学及文化组织的定义，培训是按照计划传授所需要的有关知识、技能与态度，是为达到某个目的或完成某一类特定工作而进行的训练。它包含了两个方面的含义，第一个方面的含义是：培训的目的均是为了增强技能熟练程度，更好地满足工作的需要；第二个方面的含义是：它是传授知识、技能和态度的一种活动，是一种培训活动。随着学习型社会和知识经济时代的到来，继续教育和终身教育被大力提倡，培训的内涵得到了极大的拓展，非学历教育也开始由边缘走到核心。培训涉及语言培训、技能培训、资格认证培训等领域，而且也涵盖网络培训、函授、面授等形式的培训。在此基础上，笔者将校外英语培训定义为：为适应就业、发展或其他需要，由校外组织以一定的方式面向组织成员提供的一种短期教育活动，内容包含知识、技能、行为和态度等相关方面。

4.1.2 校外英语培训的分类

目前，校外的英语培训市场主要提供以下方面的培训。首先，英语考试方面：包括出国英语系列的托福，雅思，GRE，英语四六级，高考、成人高考、考研英语英语考试培训课程等。其次，英语沟通技能培训方面：主要是指英语口语、翻译培训和儿童素质教育，近年来，很多城市在我国很多幼儿园开设英语课程，但自从

2015 年教育部出台政策禁止幼儿园开始英语课程以后，校外儿童英语的培训开展得更加火热。再次，职业英语培训方面：当前国内接受英语培训的成年人的主要培训目的是为了适应工作的需要，他们急需将英语与专业结合起来的专业英语培训。本书在后面提及的校外英语培训主要涉及交际英语技能训练与英语考试方面两个方面。

4.1.3 校外英语培训的发展态势

校外英文培训市场前景非常广阔。笔者对武汉市内的英语培训市场进行了初步调查，武汉现有 2 000 余所大中小学，仅 2015 年参与寒、暑期英语培训者就多达 11 万余人，培训市场非常大。目前武汉的英语培训机构可分为三类：①全国连锁性教育学校。②社会力量办学派。③学院派（依托高校培训）。这些培训机构既有本土资本，也有外国知名教育品牌；既有侧重于高端产品，面向白领人士的专业英语培训或是针对出国的英语培训，也有面向普通学员的培训项目。这些主要体现在学校的课程安排和项目的安排上。

笔者通过实地对参加校外培训的大学生访谈调查发现，大学生选择校外英语培训机构，其目的是为了顺利通过各种考试，或者为了提高自己的英语交际能力。参加培训的大学生说，在英语考试方面，上培训班更有针对性，提高更快，更容易通过各种考试。大学生表示，培训班的老师把课堂当做生活，教学方法灵活多样，教学内容别致、有趣、新颖，教师用多种易懂易记、深入浅出的方法引导学员学习，注意调动学员学习的积极性、主动性。培训老师还组织各种各样的课堂活动，以学员乐于接受的方式积极参加，不但能提高学员的英语基础知识，还能提高学员的英语交际能力。

校外培训机构还注重多种学习途径和学习方式，使用教材也更贴近现实和生活。例如通过对英文报刊的学习，使学员累积和储存日益丰富的国际知识和文化信息，为未来的国际文化交流打下了坚实的基础。

英语培训机构在宣传其教学思想的同时还增加了不少励志因素。大师风范、英雄行为、名人名言等，给学生以潜移默化的影响，使人振奋，迸发出不竭的学习热情，长时间处于学习的亢奋状态，学习效率明显提高。笔者在武汉新东方外语培训学校门口采访了一对大学生情侣小王和小张，当问及小王为什么走出培训班后面带笑容时，她说："我在这里既能学到所需知识，又能得到精神上的鼓励，每天都有收获，我由原来不喜欢英语变得越来越喜欢英语了。我对这里的老师喜爱、信赖、敬佩。"当笔者与小张交流为什么他不愿意在学校上课的问题时，他说："学校英语课堂上我提不起精神，经常睡觉；而在这里精神饱满，精力充沛，注意力集中，学习效果非常好。"

当然，英语培训市场也存在很多严重问题，比如对英语教育的规律缺乏科学的认识。由于进入门槛相对较低，各种类型资本争相进入英语培训市场，很多经营者对英语教育规律缺乏科学的认识，急功近利。有部分经营者本身从事过教育，他们虽然了解英语教育的规律和特点，但是由于他们从事英语培训的目的只是为了迅速赢利，目光短浅，导致他们对教育质量轻视。有的培训机构所聘请的教师很多是学校的退休或在职教师，他们在教材的选择、课时的安排、教学方法上无法遵循英语教育内在的规律，形成了浮躁和媚俗的教学风气，使教学效果大打折扣。还有更多的培训机构聘请的是在校学生或企业人员，这些人没有经过正规的教学训练，缺乏教学的经验，教学效果无法保证。有些英语培训机构所聘请的外教不是经过正规渠道，而是随便找几个会讲英语的外国人凑合上阵，效果可想而知。英语培训机构缺乏统一的教学质量监督和管理机制，存在虚假广告欺诈。很多英语培训机构在外在监管缺位的情况下无法做到良好的自律，虚假广告很多。英语培训机构在其宣传单和广告上经常以"英语包拿证"、"100%通过率"等虚假信息来吸引和欺骗学员，在学员进入培训机构学习后，通常也会遇到频繁更换教师，课时无故减少等情况。更有甚者，在收缴学费之后经营者和培训机构都消失得无影无踪，接受培训的学员就成了直接的受害者。总之，校外英语培训市场还存在价格混乱、竞争无序等问题。

4.1.4 校外英语培训的主要优势

首先，教学形式活泼生动。校外英语培训机构在教学上颇有特色，教学形式生动活泼。笔者调查发现，武汉新东方学校组织了新东方 & 拉普兰英语情商夏令营、全外教夏令营以及口语夏令营来满足不同层次学员的要求。此外还多次组织观看各种精彩影片及免费讲座，激发学员的学习兴趣。英孚培训学校，注重培养学员的学习兴趣，通过组织学员打保龄球、溜冰等各种活动，培养学员的实用能力。在学校休息间的电脑里，学校还安装了专门的外语学习软件，让学员在娱乐中学。英孚培训学校还有全球最大的网上语言学校，采用先进的语音科技，随时在线的外教由网络与学员现场对话。课程分为 7 个等级，备有超过 60 多个大学认可的课程供选。洋话连篇培训机构则和美国的沃西本大学合作举办了英语村活动，还在公共场所开设了英语角，外教免费和市民交流。

再如，武汉华盛顿学校，针对生源情况，开展了百场英语学习方法讲座，并组织举办大学生英语才艺展示大赛、天骄夏令营以及各种英语体验课等提高学员的英语学习积极性。武汉多思国际英语则将风靡全球 60 多个国家的英语学习软件介绍到中国，并采用备受海外推崇的"多元学习法"，配备目前国际上最为先进的多媒体教学系统，实现专业外教与学员一对一的完全交流。在这里，为学员专门配备辅导教师，随时对学员进行教学跟踪，学员可以自行决定上课时间，实现零缺课。针对在职人员，在课程设计上则更显人性化多次举行影视沙龙、夏日旅行以及假面舞会等活动，积极鼓励学员将所学到的知识运用到各种实践中。现代英语培训学校举办了为期两天的英语节，开办有英语欢乐颂、外教面对面、欢乐小宝贝等九个活动，通过发放奖品来提高学员的学习兴趣。在校外英语培训学校的课堂上，学员学得积极、主动，想学、爱学、乐学，很少见学生被动接受的现象。由于参加英语培训的学员很多，一些先进的教学手段，如多媒体、网络、远程教学等，也都充分得到了应用。这样，学员对所学知识感兴趣，印象深刻，容易理解，记得牢。

因此，英语校外培训相比大学英语课程更注重调动学生的积极性和参与意识，这形成一种新的学习模式，并充分发挥多媒体等一系列先进的教学手段，完全不同于传统的课堂教学的刚性的、死板的灌输模式，也很好地针对师生比例严重失衡的情况采用相应办法。这些都值得在大学英语教学改革中借鉴使用。

其次，教学目的明确而具体。优秀的英语培训机构会提出鲜明的教学理念和教学目的。例如，戴尔英语培训学校提出“培养国人英语听说习惯”的实用主义教学理念。洋话连篇培训学校针对目前中国人学习英语的现状提出“生存英语”的理念，教学不求面面俱到，但让学习者在最短的时间内说一口流利地道的英语就是他们的目标。这些口号或概念的提出，一方面是培训机构的自己在宣传自己，另一方面也能使学员达到心理上的认同。与原来在学校上英语课相比，不只是简单的学习材料和教师的变化，从培训机构宣传的理念中，学员也会对自己将如何学习英语，为什么要这样学等有初步的认识，进入培训班后也就是学员在教师引导下将这些观念运用于自身英语学习的过程。他们会体会到这些理念正对学习过程产生积极的影响。学员在英语能力得到提高的同时也帮助学员不断修正自己的学习观念并树立正确的英语学习观。校外英语培训在办学方针上有很强的目的性，或为了提高学员的应试能力，或为了提高学员应用英语的交际能力。独特的办学方针加上具体有针对性的教学手段，就容易事半功倍。

再次，教学内容丰富实用。因为校外英语培训的教学目的明确，故其教学内容也具有很强的针对性和实用性。培训学校使用的教材基本都是由培训学校聘请的经验丰富的多年从事英语培训的老师自己编写，有的教材还作为“独门密器”仅限培训班内的学生中使用。第一，教材编写者都是多年从事英语培训的教师，编写的教材针对性相当强，且跟随不断变化的形势而得以修订，实用性毋庸置疑；第二，由于教材仅在培训班内使用，教师自己对教材有绝对的选择权，不像部分大学英语教材中的内容那么呆板，为了能够调动培训班的学生的学习兴趣，教师在编写教材时自然也很注重内容的更新与趣味性，在内容的范围选择上也更广泛更自由；第三，对突出英语应用技能的培训，教材选择更多的是更贴近现实情景的教学内容，即更近实战；最后，培训学校内网络教学的广泛应用，教师选择使用更多的音频、视频，教学内容上也就更加丰富实用。

最后，教学主体敬业专注。校外培训市场中的老师可谓鱼龙混杂，但其中不乏教学成绩斐然、深受学员好评的明星级教师，有的还本就是大学教师，他们除了要完成学校的本职教学任务外，利用周末、假期在培训班任教。放弃节假日的休息时间，除了丰厚的收益之外，还与培训企业相对公平的激励机制、学员的追捧有关，这些都值得大学英语教学改革借鉴。比如：首先，一系列的竞争和激励机制，让能干、肯干、巧干的教师脱颖而出，起到龙头的作用，真正做到“能者上、平者让”。将教师的工作业绩、教学质量与直接的收入分配等挂钩；其次，给优秀教师更多的巡回授课机会，并给予宣传上、经济上的倾斜，打造明星教师，对成绩突出的教师给予重奖；再次，实行以老带新，以新促老，既要搞好传帮带，又要做到不论资排辈；最后，建立灵活机动的聘任制度，多途径吸引人才，建立科学的教学评价体系，使教师全身心投入教学等。总之，为教师营造一个愉快、宽松舒适的工作和生活环境。作为教师本人，也有更高的敬业精神、奉献精神，要不断加强学习，适应英语教学的改革与发展的需要。

4.2 自主式学习模式的探索

4.2.1 自主式学习模式的理论研究

自主学习是指由学习者态度、能力和学习策略等因素综合而成的一种自我导向学习的内在机制。自主学习分为三个方面：一是对自己学习活动的事先计划和安排；二是对自己实际学习活动的监督、评价及反馈；三是对自己活动进行调整、修正和控制。简言之，自主学习是一种自觉、独立、自主的学习，它与被动、机械、接受式的学习相对，是个体终身学习和毕生发展的基础，也是历来教育和心理学家共同关注的一个重要问题。最早开始外语自主学习研究的 Holec 认为“自主”指对自己学习负责的一种“能力”。这是一种“潜在的、在特定环境中可以实施的能力，而不是个体在此环境中的实际行为”。回顾西方及中国外语教学史，引起外语教学法及教学模式改革的原因往往与语言学心理学的理论发展有关。在第二次世界大战中出现的“听说法”就与美国的结构主义语言学有直接的关系。20 世纪 70 年代初出现的“交际法”也是随着情景教学法在英国等欧洲国家的逐渐失宠，许多语言学家和语言教师接受了功能主义语言学和社会语言学的研究成果而出现的。

4.2.2 自主式教学模式的构成

自主式教学模式要求学习者能管理自己的学习行为，结合自身确立学习目标、制订学习计划并在实际学习活动中充分运用和发展自己的学习技能。自主式教学具有以下特征：①主观能动性：主动、自觉地实施并检测自己的学习活动；②自我独立性：把学习活动建立在主体的自我独立性上，尽可能少的表现出对教师或其他主体的依赖；③相对性：自主学习不是绝对的。学习活动在某些方面是自主的，另一些方面可能相反。因此我们不能简单把他的学习分成自主或不自主，而是分清其学习在哪些方面是自主的，在哪些方面是不自主的，或者说学习的自主程度有多大。

应该指出的是，目前许多高校倡导的所谓自主学习其实是布置作业后由学生自己学习，教师只进行后期答疑。笔者认为，这种并非真正的自主学习模式，因为自主学习特别强调针对自我的管理，而这正是在目前学生们身上所缺乏的。以下是笔者关于自主式教学模式的几点思考：

（1）自主学习绝不是没有教师参与的学习。自主学习可分为不同的阶段，本来自主学习的理想状态是学习者完全自主地决定学习目标、时间、地点、方法以及材料等并实现自我评估，但大多数学习者几乎没有这样的能力。另外，传统的课堂角色定位，使学习者无法主动完成学习观念的转变及做出正确的决定，因此教师的作用仍然难以忽视。在很大程度上，学习者自主性的教学关键首先还体现在已经变更了教学观念和教学角色的教师身上。

（2）自主学习不等于独自学习。自主学习是“作为一个社会性的负有责任的人所具有的独立行动或与他人合作的能力和愿望”。可以借鉴小组学习模式，小组学习可使传统的“教→学”模式转为“学→学”模式。学员间进行协商、合作、交流，共同解决问题，协商、合作和而交流都是促进学习者自主性的重要因素。同时兴趣相投者一起学习，更能激起学习者的学习兴趣。另外，小组成员之间相互评估也比教师个人的观点显得更为客观。

（3）学习者的个体学习能力差异很大。在擅长领域、学习速度、技能水平等方面均各不相同。因此，教学中如果忽视这一点而采用统一的教材、要求、方法及进度则必将浪费了某些学习者的学习能力，同时又打击了某些学习者的积极主动性。

（4）自主式学习模式中的自我评估作用明显。评估自己学习效果的能力是很重要的能力，自主学习中尤其重要。自我评估在缓解教师评估压力的同时，也使学习者能更加明确自己的学习责任，更利于自主学习的培养。但如何引导学生正确地自我评估，需要教师起到关键的作用。

4.2.3　自主式教学的相关学习环境因素

在自主学习中，学习者的个人需求与社会限制之间的平衡相当重要，关乎其学习目的、学习热情等。为了向自主式学习者提供更为开放的学习环境以提高学习者的认知能力和学习效率，笔者尝试从以下几个方面提出建议来提高学习者的社会学习环境：

（1）取消大纲对外语技能的强制性要求。目前对不同专业的学生都有同样严格的外语技能要求，甚至对能否顺利毕业都产生很大的影响。实际上许多学生在日后的工作中可能根本不会使用到英语，仅仅为求顺利毕业而学习，考试通过后也将英语学习扔在一边。这是我国大学外语教学高投入低成效的原因之一。

（2）提倡分班教学。目前国内高校多是根据学生自己的专业分班教学，很少考虑其实际外语水平的差异，这对外语水平很高或者很差的学生都是不公平的。笔者建议实行灵活的教学班分班，学生报名参加“分班考试”，考核优秀者可获豁免，水平差的可以增加适当的辅导机会。这不仅能优化外语教学资源，而且能更好地调动学习者的积极性。

（3）改革评价体系。评价体系制约着学生和教师的教学自主性。教师和学生都将所有学习精力都耗费在对四六级的顺利通过上，然而四六级考试成绩并不一定反映学习者的语言能力水平。因此，建议改革评估制度，以测试学生独立学习外语的能力和解决实际问题的应用能力为目的，建立一套更全面、更民主的评价体系。

（4）课程设计应考虑到不同学习者的需求。应鼓励教师根据学习者的学习目标和需求，创建和编译教材。教材的使用也应体现由教向学的转变。

4.2.4 自主式教学模式的实施方法

如何在教师的指导下实现自主式教学，笔者认为有以下具体方法：

（1）教学协议。教学协议指学习者与教师或学习者与自己的一种“协议”，规定学习计划中的诸如学习目标、学习内容、所利用的资源、实现目标的期限和自我评价等等。协议在课程开始前在教师的指导和监督下签订，学习者在学习过程中依照其中内容监控并评估自己的学习进程，课程结束时进行验收。教学协议为学习者独立安排自己的学习提供了一个手段，使学习者独立于教师和教材的控制而培养自主学习的能力。

（2）学习随记。学习随记是对学习的第一阶段进行回顾和总结，对下一阶段学习的具体展望，可以使学习者保持对自己学习能力和学习状态的分析和反思。是提升自主学习能力很好的工具。有学者从学习者的角度研究了他们对这一方法的感受和看法：“我感受到，写下个人对语言课堂活动的评论并对之进行分析能帮助我组织原来模糊的无意识的思维，使我进一步意识到学习英语的方法。”

（3）面谈。教师与学习者之间的面谈，可以针对每个学习者，帮助他们更好地了解自己的学习情况，或确定最合适的学习目标。面谈可以随时跟踪监测学习者的思想动态，帮助他们克服学习上与技能上的困难。

（4）问卷调查。结合小组学习模式，有针对地做一些问卷调查，诸如学习目标、学习兴趣、学习方法等，可以让问卷设计者更好地了解学习者的实际需求，同时也让答卷者对各自的学习活动有更科学的了解。

4.3 网络教学模式的探索

网络教学模式是一种包括了新的传播媒介以及人与人之间的交互作用的教学模式。这些新的沟通媒介是指计算机网络、多媒体、专业内容网站、信息检索、电子图书馆、远程教育和网上课堂等。网络教学具有三大要素：一是网络环境，即所谓的信息技术学习环境；二是网络资源，即经过数字化处理，可在多媒体或网络环境下运行的教学材料；三是网络模式，即利用信息技术，通过对资源的收集利用，发现知识、探究知识、展示知识及创造知识的学习模式。

网络教学模式下采用的教学方法是基于建构主义教育心理学理论的。“建构主义理论”为我们开发大学英语网络课程奠定了理论基础，“建构主义理论认为，知识不是通过教师的传授得到的，而是学习者在一定的社会文化背景下（一定的情境），借助他人（教师和学习伙伴）的帮助，利用必要的学习资源，通过意义建构的方式获得的”。同时，建构主义理论还强调以学生为中心，认为学生是认知的主体，是信息加工的主体，是知识意义的主动建构者，教师的作用应由知识的传授者、灌输者转变为学生主动建构意义的帮助者和促进者。

面临21世纪知识经济的挑战，教育部提出，必须加快我国教育信息化的步伐，并根据各地区经济发展不平衡的现实，分三个层次推进信息化教育。这三个层次分别是：①以计算机多媒体为核心的教育技术在学校的普及与运用；②组织学校上网，利用网上资源；③开办远程教育，提供丰富的学习资源，不断满足人们终身教育的需求。随后，网络教学受到我国教育界的普遍重视，成了发展教育的一大热，一些有条件的学校纷纷试水利用网络辅助大学英语教学。

4.3.1 网络教学模式的产生

随着信息技术的发展，网络技术已逐渐应用到各个学科的教学中。英语教学是一个全球性的传播媒介，网络技术在英语教学中发挥着不可低估的作用。网络技术在教学中的应用主要是基于以下几个因素：

（1）“终身教育”理念的提倡。“终身教育”理念的首创者，著名法国教育学家保尔·朗格朗早在1965年即提出“教育过程必须持续地贯穿在人的一生之中。”未来社会是一个继续学习的社会，要求人们必须具备自主学习的能力，不断提升自己以适应日新月异的社会发展。现代教育也应以培养终身学习所需的自主学习能力为最终目标。网络技术的应用为学习者实施“终身教育”提供了一个平台。

（2）高校扩招导致师资力量的不足。随着普通高校的大规模扩招，教师与学生的比例严重失衡，师资不足的问题凸显，给高校的教育教学乃至管理，带来了很大的困难，为教学改革提出了挑战也带来了机遇。网络技术的运用成为解决教育资源紧缺问题的有效方法之一。

(3) 传统英语教学中存在突出问题。传统的英语教学方法死板守旧，过分强调以教师为中心的课堂知识教学，课堂一切均由教师决定，很少顾及学生的个人学习风格、语言需求和学习策略。学生的学习主动性、积极性和创造性都难以充分发挥，独立自主的学习能力也难以培养。网络技术的发展运用则使教育方式改革成为可能。

4.3.2 网络教学的具体构成

笔者认为网络教学可以实施以实时传播、资源检索、课程测试、教学论坛及休息娱乐几个模块构成的具体形式，分述如下：

(1) "实时传播"为教、学者搭建了在线交流的平台，构建自主学习的语言环境。类似于网上"英语角"，学习者可以和教师围绕一个主题的若干部分，融听、说、读、写为一体，开展课堂内外相结合的相关教学，达到知识构建的目的。

(2) "资源检索"为学生提供大量的学习资源，包括语言应用及各种考试资料等内容，学习者可以根据各自不同的学习目的找到自己所需要的资源。

(3) "课程测试"是教师针对学生而设计的通过在线网络进行自我检测相关课程的自主学习效果的模拟考试形式。

(4) "教学论坛"是学习者进行交流学习内容与学习方法，以及教师为学习者答疑的交流平台。教师和学习者都可以进行留言，对学习过程中遇到的问题，进行讨论与交流。

(5) "休息娱乐"是教师为学习者提供的一些优秀的外文影视、文学作品或者一些与外语相关的笑话、游戏等，可以让学习者在学习之余体验英语文化，轻松心情。

由于网络资源过于丰富，良莠不齐，教师还应当对学生在网络学习的过程中进行适当的管理。同时，教师可以通过学习者的网络学习的情况对其进行有效的监督。

4.3.3 网络教学的特点及存在的问题

网络教学为学习者提供了个性化学习的条件。网络教学软件也能为不同层次不同类型的学习者提供各自的需求空间，能针对不同的学习者选用不同的教学内容、教学手段以及检测评估系统，充分实现个性化学习的目的。利用网络技术，使教师对学习者的课外学习情况的了解与监督变成了可能。同时，在网络上有针对性的辅导，更能满足学习者的个性化需求及学习兴趣，避免了僵化的统一管理模式。另外，笔者认为网络教学还具有如下显著特点：

(1) 网络教学提供了异常丰富的教学资源的共享。网络技术实现了世界范围内的资源共享，地球变小了，人与人的距离拉近了，交流沟通变得更迅捷了。网络教学使简便地寻找到丰富的教学资源成为可能，从天文地理到体育娱乐，从文化教育、政治历史到科学技术等，无所不包，为英语学习者提供了大量的教学资源，教学可以不再受时间和地域的限制，教育资源缺乏的地区也能借助网络享受同样的教育。

（2）激发了学生学习英语的兴趣。学习是主动的过程，兴趣是最好的老师和助推剂。网络教学中的多种媒介功能的集合，变传统教材的呆板为信息技术的生动情景化，通过图像、文字、声音、动画等，学习者在网络教学提供的英语环境下会主动积极地去寻找感兴趣的教学资源，提高了学习的趣味性和主动性。

（3）网络教学营造了开放的学习环境和自主的学习氛围。网络教学为学生提供了一种新的学习模式，使学生在自己愿意的时间、地点以自己乐见的方式学习。信息网络不受时间地域的限制，向所有学习者开放，丰富的网络资源为学习者提供了传统教学所难以提供的英语语言环境，同时由于网络教学的自身特点，便于学习者结合自身情况自主学习，学习者在网络间可以进行自由的双向、多渠道交流。

（4）有利于新型师生关系的建立。教学过程，是教与学的结合。自主式教学模式的建立，需要变“以教师为中心”为“以学生为中心”，同时建立新型的师生关系。学生不再是被动的接受者，变被动学习为主动求学。教师也不再只是知识的传授者，还应当是教学活动的组织者、管理者、促进者等角色。师生之间通过网络这个先进技术的平台，除了完成知识的传承之外，还可以进行学习能力的交流，亦师亦友，也构建起更为和谐的师生关系。

网络教学要尽可能利用不同教学方式来激发学生的思维，帮助学生从死抠书本的苦役中解脱出来，培养学生创新求异的能力。一句话，只要教师心中时时想到学生，并结合课程的特点，充分发挥网络教学的优势，就会把课堂教学搞得有声有色。在教学实践中，也有很多问题值得我们反思：

（1）师生交流问题。教学模式的转变，首先要求师生教学观念的改变。在师生新的教学观念形成之前，网络教学会不会出现“放羊”的情形，还很难说。同时，网络教学还需要师生之间的良性互动，师生相互配合才能发挥网络教学的最大功能。

（2）师资问题。网络教学需要大量既了解网络技术又能教授英语的老师。如果想开发出应用于网络的教学软件，还需要软件专业人才的参与。

（3）资金问题。设置多媒体教室、网络中心都需要大量的资金投入，研究开发教学软件也需要不小的投入。而各高校的收支情况不同，不可能都能实现。

4.3.4 一些待研究的问题

注重网络教学的同时，我们还要注意一些重要的问题，比如：如何加快培训一专多能，适应新的教学模式的大学英语教师，如何开发、建设和完善校园网课件、教学资源库等。

教师在构建网络教学模式中起着非常重要的作用，但目前的教师队伍中还存在一些需要改变的地方。首先，认识观念上存在偏差。“造成计算机在教育领域的‘悲惨命运’的主要原因不在技术本身，而在技术之外。”在信息时代背景下，不少教师仍在用旧的观念看待教育问题，不了解信息技术环境下教育技术观念的具体内容，不懂得利用新的网络信息对教学进行技术支持；其次，部分教师忽视计算机的功用，并存在对网络教学的畏难情绪。而有的教师将网络教学与多媒体教学相混淆，甚至课堂上简单地给学生播放网上下载的视频了事。因此，构建一个新的网络教学模式，就需要加大对教师的培训力度，要培养更多的一专多能、掌握网络技术的英语老师。同时，也要加强教师之间的合作，因为很多制作优质的课件往往需要教授该课的教师共同完成。

除教师素质外，影响网络教学模式的另一个重要因素就是英语教学课件及网络教学系统的制作水平。英语课件的制作应符合学生的认知规律，还要对学生的学习心理进行有效分析，激发学生的学习兴趣。不仅需要教师的业务素质过硬，还需要教师对自己学生的个体情况都有所了解。其次，校园网的建设和完善也非常重要。现在，我国很多学校都建立了百兆甚至千兆的校园网，拥有众多多媒体语言实验室和电化教室，现在还需要完善的就是将师生的教学终端都能够通过网络联结起来，这样才能构建完整的网络平台。同时，还要建立或购买语料库，供教师在进行研究和教学时使用。

此外，还有许多诸如此类的问题需要进行深入思考分析。比如如何使学生快速适应新的教学模式，网络教学如何评价，如何应对学习者自觉性差，等等。

4.4 网络环境下的自主式教学

网络教学模式从学习者角度可分为班集体教学模式与学习者个体自主学习模式。在各种模式之下，许多学校都在积极探索不同的方式。笔者现在专门来介绍一下个体自主学习模式。基于网络的自主学习模式要求学生安排自己的学习时间、学习地点，使用指定的网络多媒体课件，选择适合自己的学习资料，并自行制订学习计划，进行网络沟通和答疑，并由自己和老师定期进行评估学习的模式。网络自主学习中，教师应鼓励并引导学生主动搜集分析相关的信息资料，结成小组进行讨论、分析解决学习中出现的问题，并从而培养学生的自主学习能力和团队合作精神。

网络自主学习模式下，学生自主学习语言知识，因此在课堂教学中，教师可以采取一系列新颖的、有趣的教学活动，使学生对教学内容的扩展进行升华。比如：

①设计与课文主题有关的情景教学；②通过师生互动，共同探讨教材内容背后的文化背景知识；③围绕课文主题展开讨论和辩论，运用课文中的词语、结构进行各种口语交际活动；④以小组形式向全班同学用自制课件，针对选定问题的演示交流；⑤在课堂上给学生介绍有关的视听资料，组织视听活动；⑥学生分组交流各自的学习策略，培养学生的学习能力等。

在具体网络自主学习实践中，需要注意以下几个方面的问题：

（1）教学模式的改革，需要建立一个稳定的网络教学体系。我们需要建立一个稳定、高效的教学体系，只有这样，才能使学生在何时何地都能很好地参与网络教学模式。著名语言学家 S. P. Corde 指出："我们实际上不能教会学生一门语言，我们只能为他们创设一个适合于外语学习的环境。"正式基于网络的自主式英语教学环境下，学生的英语知识、英语运用能力及自主学习英语能力也就可以得到充分、自由的发展。

（2）教学模式的改革，教师作用重大。教师的角色虽然已经从知识的传授者变为教学活动的组织者、促进者，但自主式教学也需要教师的有效引导，教师还是学生学习效果权威的评估者。在教学模式的改革方面，教师不仅要转变自己的教学观念，还要提升自己的业务修养和自身素质，与学生有效互动，达到网络自主式教学的目的。同时，还需要加强教师对新教学模式下学生心理活动的研究，了解掌握学生对新教学模式的适应程度，做好修正补差工作。

（3）教学模式的改革，要充分激发学生的主观能动性。由于学生从小到大接受的都是以教师为中心、"填鸭式"的传统教学模式。因此，教师应帮助学生改变被动的学习习惯，培养学生自主学习能力，这也是新教学模式取得成功的关键之一。

第5章 翻转课堂在大学英语教学改革中的运用

网络自主式教学的发展促使了更多教学模式的出现，例如从2012年开始的“慕课”热和现在流行的网络自主教学技术支持下的“翻转课堂”都是以学生为核心，教师则升格为学生学习的设计者、指导者、帮助者和学习伙伴。在翻转课堂的模型中，学生和教师教学相长，都能在国家战略发展目标框架下得到发展。首先，本章重点分析了一些具有代表性的翻转课堂成功案例；在此基础上，详细地论述了翻转课堂的定义及其特征；然后，又对翻转课堂实施的三个重要环节进行了简单概述，进一步厘定和扩展了翻转课堂的概念内涵，并介绍了在武汉体育学院进行的翻转课堂的实证研究。

5.1 翻转课堂的起源

早在19世纪初，Sylvanus Thayer将军曾在西点军校做过这样的一个实验：在上课前，让工程专业的学生使用准备好的资料对课堂讲授的核心内容提前进行学习；在上课时，不以教师的讲授为主，而是在学生学习准备基础上，结合批判思维训练，采用课堂活动的形式，开展小组解决问题的教学活动。这算是最早实施的翻转教学法，但Sylvanus Thayer将军的这种方式没有引起社会和学者的过多关注，更不要说在现实中的进行普遍推广了，现在看来，这主要是由技术手段和相关资源的缺乏造成的。2000年，Lage与Platt在《经济学教育杂志》上发表的两篇文章中和Bake发表的一篇相关主题的文章中，翻转课堂(“inverted classroom”或“flipped classroom”)才作为一个独立的概念被提出。

直到2007年YouTube的出现，翻转课堂才找到一个很好的实施平台。在同一年，美国的两位高中化学老师Jon Bergman和Aaron Sams尝试使用录屏软件录制PPT的播放与讲解声音，并将视频上传到YouTube上，以此来为因请假而缺席的学生补习落下的功课。然后，他们让学生回家观看教学视频来完成基础知识的学习，回到课堂上完成作业，而他们则从旁为给学生提供指导，帮助学生解决在完成作业时遇到的困难。受教的同学们都很喜欢亚伦和乔纳森的这种教学方式。2011年，Salman Khan曾在演讲中提到，有很多学生喜欢晚上在家观看Khan Academy的数学教学视频，第二天白天在教室里完成课堂作业，当存在疑惑时，可以及时向在场的老师请求给予帮助。这种课堂模式与“白天教师在教室上课，晚上学生在家做作业”的教学过程正好相反，于是他们称之为“翻转课堂”(flipped classroom)。从此之后，翻转课堂成为2011年最为热门的教改话题，受到越来越多教育者的追捧。

2012年1月30日，这两位老师为了帮助其他任教教师更好地理解翻转课堂理念，在林地公园高中举办了翻转课堂“开放日”（Open House），让更多的一线教育工作者来观摩翻转课堂教学的实施过程，了解学生学习效果及学习状态。这种做法有利于翻转课堂在全世界范围内普遍推广。另外，大量优质教学资源的涌现，为翻转课堂教学模式的推广提供了资源上支持，特别是开放教育资源（ORE）运动，如可汗学院微视频、麻省理工学院的开放课件（OCW、TED ED视频、耶鲁公开课、MOOCS网络资源、网易公开课等，这些资源对翻转课堂的推广起到了推波助澜的作用。

5.1.1 翻转课堂成功教学案例分析

翻转课堂自提出以来，引起了许多学校和一线教师争相效仿，在本校或本学科内开展翻转课堂的教学实验，并且取得了较好的教学效果，出现了一些较为成功的翻转课堂教学案例。

1. 伟谷州立大学数学实验课的翻转课堂实践

这所学校的罗伯特副教授在大一新生的数学实验课上采取了翻转课堂式的教学。课程开始前，每一位学生需申请一个博客，该课程每周有2课时，大约80分钟。他是这样翻转课堂的：课堂外，学生需先观看由他借助录屏软件录制并发布到博客上的6~8分钟的主题视频，对要学习的主题内容有个整体性的了解，学生再根据教师提供的与该学习主题对应的知识和能力资源进行自主学习，之后学生被要求完成相应的练习来巩固学到的内容，同时要按照教师的要求将完成的任务提交到博客上；课堂上，教师让学生先用5分钟做几道多项选择题，以此了解他们对基本知识的掌握情况，接下来教师会花5~10分钟来解决学生课前学习中出现的问题，再将剩余的60分钟让学生以小组的形式来做与主题相关的实验，在此过程中教师给予针对性的指导。罗伯特副教授的实施结果显示，学生的学习能力有了很大提高，真正使学生成了学习者，而且学生愿意继续使用这种教学方式。这归功于罗伯特副教授结合大学生学习的特征以及该课程的特点进行了层层递进的设计。

2. 石桥小学的翻转课堂

2011年秋天，美国斯蒂尔沃特市石桥小学开始了基于Moodle平台的数学翻转课堂教学实验。学校让五年级和六年级的学生在家学习教师制作的教学视频片段，然后在课堂上凭借教师或学习同伴的一些帮助来完成课堂作业。因此，他们在做作业的过程中遇到高难度题目时，再也不会因父母不在身边而出现挣扎和挫折感。在家里，学生按照各自的学习计划学习十几分钟的教学视频，然后做包含3~5个问题的测验，来检验他们是否完全理解了学习内容，Moodle平台再把测验的结果实时反馈给学生。在学校，教师借助Moodle平台来实时监控学生在家学习的动态，并为学习有困难的学生适时提供个性化帮助。翻转课堂一定程度上满足了学生个性化的学习需求，使他们获得了全新的学习体验，深受学生喜爱，这是学校教师和领导决定进行翻转课堂教学实验尝试的最为重要原因。

3. 克林顿戴尔高中的全面翻转课堂

相对而言，美国底特律的克林顿戴尔高中的翻转课堂更加成功，这要归功于校长雷格·格林，他的特立独行促成了克林顿戴尔高中的成功。经过两年的翻转课堂教学验证之后，他才决定在全校实行翻转课堂教学模式。让学生在家观看教师简短的讲解视频，并把学习中遇到的问题记录下来。而在课堂上，教师不再重点讲解知识点，而是帮助学生解决多数人都普遍存在疑难问题，包括辅导和评价学生作业，帮助学生完成对知识的理解与深化。对于在家不能上网的学生，学校允许他们使用平板或智能机观看教学视频或让学生在课间使用学校电脑进行一定时间的学习。经过一年的翻转课堂教学，学生的学习成绩和学习状态都有了明显的变化。165名新生中，英语不及格率从50%下降到19%，数学不及格率也从以前高居不下的44%降到了13%，其他科目的不及格率也有明显下降了。翻转课堂教学增强了学生的自信心，一定程度上帮助学生克服了学习中的挫败感，另外，违纪的情况也有所减少。现在的克林顿戴尔高中正在发生巨大的变化，已不再是底特律地区最差的学校。

4. 加州河畔联合学区的翻转课堂

加州河畔联合学区翻转课堂最大的亮点是使用了IPAD移动终端和数字化互动教材。他们使用的代数数字互动教材是由网络课程开发公司量身打造的，它结合了笔记、交流和共享等各项学习功能，并含有丰富的动画、视频、文本和图片等多媒体教学材料。与教师自己准备各种教学素材的翻转课堂教学相比，数字化互动教材不仅能节省教师的备课时间，还能让学生更好地沉浸在教材的学习中。不过，购买翻转课堂所需要的互动教材也增加了翻转课堂教学实施的成本投入。但是试验取得的成效让学区比较满意，实验数据显示：仍使用传统纸质教材的学生，获得优秀或良好排名的只占58%，而使用互动教材的学生中获得相似排名的却有78%。更值得让人欣喜的是，苹果公司推出了一些低价的数字互动教材，研发并开放了一些免费易用的互动教材制作软件。随着现代化信息技术手段支持力度的不断加大，翻转课堂的教学实效会越来越好。

5. 重庆市聚奎中学的翻转课堂

聚奎中学的翻转课堂实验是基于平板电脑和“校园云”服务平台开展的。翻转课堂教学时，教师把制作好的导学案和教学视频等学习资源上传到“校园云”

平台；学生使用平板电脑下载这些学习资源，开始课前基础知识学习；学生登录到“校园云”平台完成预习自测，通过组内互助的方式解决个人自主学习中遇到的问题，组内不能解决的难题先由组长记录，然后交给课代表，再由其整理好后上传到服务器；教师再根据云平台上汇总的学生学习信息来制定有针对性的教学计划，调整教学进度。这样一来，翻转课堂彻底颠覆了传统“填鸭式”的教学方式，并逐渐由传统教学模式的“教师灌输→学生接受”向“学生自主探究学习→发现分析问题→教师引导解决疑难问题”的方向转变。

6. 深圳南山实验学校的翻转课堂

为了真正落实“以人为本”的理念，让学生学得快乐、学得幸福，2012年，深圳南山实验学校开始推行云计算环境下的“翻转课堂”实验。课前，学生在家通过平台观看教师录制好的微课，看完之后通过做测试来验证自己的掌握情况，测试提交之后，平台会立刻将结果反馈给学生，学生根据反馈结果来继续学习仍有问题的内容。在第二天的课堂上，教师通过 iPad 打开翻转课堂平台，详细查看每道题的错误率、错误答案等，然后选择正确率低的题目进行重点讲解，解决了学生的疑问之后，教师会再给学生布置几道练习题来巩固或者拓展他们的学习。

5.1.2 翻转课堂的定义与特征

对于翻转课堂概念的界定，学术界里还未形成一个统一的规定。目前，有一部分人对翻转课堂的理解还停留在对其实施过程的描述层次上面，所以有必要对翻转课堂的内涵进行深入剖析。通过查阅翻转课堂在国内外的一些成功案例，结合着自己的理解，笔者尝试着给出了如下的定义：所谓翻转课堂，就是教师创建视频，学生在家中或课外观看视频中教师的讲解，回到课堂上师生面对面交流和完成作业的这样一种教学形态。一般来说，教学过程可以分为信息传递和知识内化两个阶段。在传统教学模式中，信息传递和知识内化分别通过教师的课堂上讲授和学生的课下作业、操作实践完成的。而在翻转课堂的教学过程中，教师赋予学生更多的学习自由，借助网络等多媒体技术，学生使用录制的教学视频，在课下完成知识的讲授阶段，这个过程中，学生可以自由选择最适合自己的学习方式，但要确保课前真正发生了较深入的学习；而知识内化过程则被放在了课堂上，这样师生之间、生生之间就可以有更多的交流沟通机会，通过课堂上的相互碰撞从而可以把对问题的探究引入更深的层次。

大多数人理解的翻转课堂只是“课前传授+课上内化”的教学形式正好相反于传统的教学形式，却忽略了两个关键点：一是翻转课堂在课外发生了真正深入的学习；二是课堂上观点能够真正相互碰撞并将对问题的理解引向更深层次。学生观看教学视频并进行课前练习的活动，并不是对知识的简单预习，而是对新知识的深入理解。这就对要求录制的教学视频提出了更高的要求，不仅能让学生自学，而且要有不亚于在课上讲授的效果。在此基础上，学生的知识不能只停留在某一层面上，应该通过学习活动的讨论分享引向更深层次。同时，也应该认识到翻转课堂与在线视频并不是同一个概念，翻转课堂最重要的价值体现在卓有成效的面对面的互动学习活动。翻转课堂颠倒了传统的教学过程，引起了课堂教学各要素均发生了根本性的改变。

(1) 教师角色的转变。翻转课堂实现了教师的角色逐渐由知识讲授者、课堂组织者向学习的指导者和推动者的转变。这意味着教师不再是课堂的中心，但是他们仍然是学习生进行学习的主要推动者。当学生学习中遇到困难时，教师便会向他们及时提供必要的学习支持。自此以后，教师便成为学生快速获得学习资源、利用学习资源、处理学习信息、应用新知识到真实生活情境中的促进者。随着教师教学职能的变化，教师也将面临前所未有的教学技能挑战。在翻转课堂中，学生需要在参与实际的学习活动中，通过完成学习任务来构建知识结构，成为了学习过程的中心。这就需要教师通过设计课堂学习活动这一新的教学策略来达成此目的。通过简单易行且利于知识内化的课堂学习活动的设计与组织来促进学生成长与进步。在每完成一个单元的学习之后，教师都需要及时检查学生对知识的理解掌握情况，同时对学生作出恰当的评价，来帮助学生正视自己的学习水平。同时，及时的评价反馈可以帮助教师改进或调整课堂教学活动设计，推动学生高效学习的发生。

(2) 课堂时间的重新分配。翻转课堂教学中，课堂上的大部分时间交由学生支配，让学生能够全身心地充分投入到课堂学习活动的学习中去，一小部分时间留给教师，以便为学生的提供具有针对性的辅导，大大减少了教师在课堂上知识讲授的时间，这是翻转课堂的另外一个重要特征。来源于现实生活中的、具有真实学习情境的课堂学习活动能够让学生在交互协作中完成学习任务。翻转课堂将原来课堂讲授的知识内容转移到课下去完成，在不缩减原先课时知识量的基础上，来增强课堂中学生之间的交互性。这种教学形式的转变有利于提升学生对知识的理解深度。另外，教师在课堂上进行形成性评价时，在某种程度上提升了课堂中交互的有效性。而教师的课堂评价有利于帮助学生更加客观地认识自己学习情况。因此，翻转课堂是一个构建深层次知识的课堂，而学生则是课堂的主角。翻转课堂通过充分利用课下时间完成了基本知识的传递，极大地延长课堂上教与学的时间。但翻转课堂的关键之处在于教师如何组织课堂学习活动来实现课堂时间最大化、高效化的利用。

(3) 学生角色的转变。随着教育信息化的不断发展，自主探究学习越来越受学习者的欢迎。在个性化的网络学习环境中，学习者能够根据自己的学习需要选择学习的内容、时间和地点，然后再按照自己的节奏进行个性化学习。虽然，翻转课堂教学获得了学生的高度参与，并且赋予了很强的学习灵活性，但学生并非是完全独立地进行学习。在网络化协作性学习环境中，学生们需要根据各自的具体学情不断与同学、教师进行讨论交互，以便能够扩展和深化自己对知识的认识。

5.2 翻转课堂的教学模型

本节主要讨论了通用型的翻转课堂教学模型的构建及实施此模型所面临的挑战。先从现有的代表性的翻转课堂教学模型入手，介绍它们的优缺点，在此基础上，构建了本书的教学模型，并详细阐述了具体的实施过程及注意事项。然后对此模型实施过程中所遇到挑战或实施关键进行了分析，指出提高学生的自学、协作学习的能力及意识、提高教师的课堂把控能力是翻转课堂取得良好教学效果的重要因素。同时指出，为翻转课堂设计专门化的网络教学系统是发挥翻转课堂实际效用的一个重要措施。

翻转课堂反转了学习过程的两个阶段，使教学中的师生角色发生了很大变化，并且还重新规划了课堂时间的安排，改变了以往教师课堂讲授为主策略，彻底革新了传统教学模式。翻转课堂不仅受到一线教师的热捧与争相效仿，还受到教育学及教育技术学领域的专家与学者的广泛关注。一线教师的翻转课堂实践案例，对于翻转课堂的概念的界定具有很大的帮助，而专家学者的研究则进一步深化了翻转课堂内涵，他们结合自己的理解与实践，以及教育学理论知识，构建出了具有指导性的翻转课堂教学模型，为翻转课堂的教学尝试提供了教学设计范式，加快了翻转课堂教学改革进程。但前人所提出的翻转课堂教学模型各有优缺点，还有一些地方需要进一步完善。

5.2.1 罗伯特·陶伯特的翻转课堂教学结构

美国富兰克林学院的罗伯特·陶伯特结合自己十几年的教学实践经验，总结出了翻转课堂教学实施过程的关键性步骤，创造性地提出了翻转课堂教学系统模型。该模型分为课前和课中两个主要阶段：在课前，让学生观看提前准备的教学视频，然后做一些具有针对性的作业或练习；在课中，学生需要先花一点时间完成一些少量的简单测验，然后通过部分复杂问题的解决来完成知识的内化，最后再进行知识总结和评价反馈。但是它较适用于理科性的、操作性比较强的课程，对于文科发散性课程还需要进一步改善。

5.2.2 钟晓流的太极环式翻转课堂模型

钟晓流教授根据自己对翻转课堂的理解，设计出了太极环式翻转课堂教学模型。在翻转课堂教学中，钟晓流仍强调教师是学生学习的组织者、参与者和促进者，学生是学习的主体。但考虑到以上翻转课堂教学模型大多以活动和教学视频为主线，过分强调学生自学，而忽视了教师“教”的指导作用。所以，他侧重于教师的"教"，把太极环式模型分为课上、课下两部分和教学准备、记忆理解、应用分析、综合评价四个环节。但是在该模型中教师"教"的部分并不明显，教与学的安排不是很合理，并且课程开发和课后交流部分仍然很少，还需要进一步改善。

5.2.3 曾贞的"反转"教学图示

曾贞基于 Saltman 研究的基础上，设计出了"反转"的教学流程，主要包括三个关键步骤：第一步是进行观看教学视频前的预备学习，通过简单讨论并提出要解决的问题；第二步是观看教学视频时的深入学习，根据之前提出的问题来寻找答案；第三步是新知识的应用或解决新问题的学习，以此完成知识的内化，进行深入问题探究。但是其没有对实施翻转课堂的三个关键步骤做详细的书面化论述，虽然为使用此反转教学图示的教师提供了根据具体情况灵活调整的机动性，但是没有现成的详细步骤作为参考，容易偏离轨道。同时，对如何开发适合反转课堂的课程也没有提及，因此笔者认为此教学图示还需进一步完善。

此翻转课堂模型主要包括课前基础知识学习和课堂学习活动组织两个过程。在这两环节的学习中，信息技术手段和活动学习是构建翻转课堂的两个重要手段，保证了个性化协作式环境的生成。信息技术的支持、学习活动的顺利开展是翻转课堂的重要因素。此教学模型详细地论述了翻转课堂实施的过程，具有很强的指导性和可操作性，相对比较完善，但也存在一定的缺陷。它只包括课前和课中两部分，缺失课后部分，而且如何开发具有问题针对性的课程及练习也没有进一步详细地论述。

5.3 翻转课堂的三个关键环节

5.3.1 微课程开发

翻转课堂有别于传统课堂，其课程体系与传统教材也有区别，课程传授的知识单位不再以课为单位，而是以微课为单位，一个微课解决一个问题。翻转课堂的课程分为传授知识为主的视频教程、知识巩固强化的针对性练习和用于课堂知识内化的学习活动等，微课程的优劣直接影响着翻转课堂的教学效果。翻转课堂的实施，结合校情、班级情况和学科特点开发出具有问题针对性的微课程十分关键，是影响翻转课堂成败的一个重要因素。

5.3.2 课前深入学习

翻转课堂把传统的教师课堂知识讲授的环节放到了课前，并由学生自主学习完成，同时要求学生课前自学的效果不低于教师课堂上讲授的效果，而不是停留在简单的知识预习上面。课前学习包括微视频知识讲解和习题强化，是学生完成课前学习的关键素材，是促使学生达到深入学习的关键。课前深入学习是对基础知识的全面把握，是知识学习的一个重要环节，是一切知识迁移应用的基础，更是翻转课堂取得良好教学的关键步骤，课前学习的好坏将直接影响翻转课堂的课堂学习活动的组织成效。

5.3.3 课堂学习活动组织

课堂学习活动的组织主要用来帮助学生完成知识内化，使学生的认识得到进一步深化，是翻转课堂中最具突出价值的部分，也是翻转课堂能够提高教与学效率的关键所在。学生全身心、高效、全面地参与到课堂学习活动中，通过自主探究，或与同学、教师进交流讨论来进一步弥补自己认识上的不足，进而查漏补缺、深化认知，完成知识的迁移与应用。翻转课堂离开了课堂学习活动的高效组织，翻转课堂将失去它的本质特征，无论课前学习如何深入，微课程的利用如何高效，也很难发挥翻转课堂教学模式的良好教学效果。

5.4 通用型翻转课堂教学模型的构建

如何培养学生自学能力，如何为学生提供及时的学习帮助，帮助教师实施个性化辅导，并把教师从繁重的教学工作及批改作业中解放出来，让其能有更多的时间放到课程资源开发与课堂活动的设计上，这是教学中教师普遍想迫切解决的问题，也是如何充分发挥翻转课堂良好教学效果的一个关键问题。而设计专门化的、支持翻转课堂的网络教学系统平台能有效地解决此问题。根据翻转课堂的内涵、特征及三个主要环节，参考以上翻转课堂教学模型，笔者对翻转课堂教学模型进行了进一步完善，设计出了通用型的翻转课堂模型，包括课程开发、课前知识传递和课堂知识内化三部分。在这样的翻转课堂中，网络交流工具、移动终端及网络教学系统是保证信息有效传递、学习活动顺利开展及个性化协作环境的创设的重要杠杆。

5.4.1 基于QQ群的班级学习共同体构建

腾讯QQ群是为腾讯QQ用户中拥有共同兴趣爱好的群体建立的一个公共交流平台，是腾讯公司在QQ的基础上推出的一款多人交流软件，是多种流行网络交流方式的综合，它为用户提供了许多的交互工具，包括沟通工具、协作工具、追踪评价工具、个人主页空间等。腾讯QQ群不用日常维护，不需支付费用，而且操作方便，很受广大教师和学生的欢迎，是目前国内学生最常用的网上交流工具。QQ群能满足翻转课堂中学生之间相互交流的需要，是比较理想的翻转课堂学习交流平台。

那么，如何利用QQ群构建翻转课堂班级学习共同体呢？首先创建一个“翻转课堂”QQ群，作为学生课前学习交流的交流平台；然后让助学者和学生各自申请加入到翻转课堂QQ群中，助学者主要由任课教师组成，解决学生在自学过程中遇到的疑难问题；开展课前学习时，教师把录制好的教学视频和课前练习上传到群共享，并发布教学安排；学生按要求完成相应的课前学习任务，在学习过程中遇到问题时可以通过QQ交流解决，并把问题发布在论坛上，以便于学生间交流，同时帮助教师掌握学生的学习情况；通过创建讨论组展开小组讨论，来解决不同学科间的问题或同类问题。这样，由学生、助学者、QQ群三者构成了虚拟的翻转课堂班级学习共同体环境。

5.4.2 课程开发

我们在使用QQ群的同时也使用了“朗文交互英语”教学平台，涵盖听说读写译的教学内容，采用多媒体方式，生动有趣，方便。有很强的教学表现力。平台同时开发了手机APP，这些学习平台节省了教师的一些时间，但是这种“天下一统”的课程不能满足学生个性化学习的需要，因此，教师在学习平台的基础上还需要结合各自校情与学科特点开发出相关的个性化课程。

这类个性化课程既可以是文档形式，也可以是视频形式。在开发教学视频时，一方面可以下载国内的网易公开课、超星视频、国家精品课程资源网等网上课程和国外的Teachers Pay Teachers，TED-Ed，Course Hero等精品课程网的优质视频，用常见的影音制作软件（Windows Live）重组视频序列并加以相关的中文语音讲解；另一方面，教师可使用像金达（http：//jinda. tv/）这样的优秀在线录屏软件自己录制教学视频。视频录制过程相对简单，教师进入金达录屏首页后，选择录制功能按钮，然后把空白PPT处于放映模式，作为教学白板，然后按照教学知识的内在逻辑顺序，使用演示画笔相关的学习素材串接在讲解的过程中，同时加上语音讲解。通过金达录制的视频既可以通过网络直接发布，也可以保存到电脑里。这类教学视频具有快进、暂停、重放等基本功能，这样学习者可以自由控制教学视频的播放，有利于促进学生的自主学习。

教师在开发视频课程时，必须遵循学生的身心发展实情，录制的视频的时间长度应控制在学生注意力比较集中的时间范围之内；为保证视频具有很强的针对性，方便学生查找，每一段视频必须针对一个特定问题；为了不分散学生的注意力，应保证教学视频所呈现的教学内容清晰明确。另外，教师还需要注意调动学生的积极性，让学生全身心地投入到视频的学习中去。事实表明，当学生在首次参加视频课程时，大多数不是在认真听讲而是在做笔记。对于这一反复出现的问题，我们一般是让学生暂停视频，边思考边做笔记，或是让教师在重点内容上为学生提供文本笔记。课前针对性练习的开发难度相对于视频录制降低了不少，但是在学生课前学习中，针对性练习和教学视频同等重要。在设计课前练习的过程中，教师应严格遵循最近发展区学习理论，确保习题的数量和难易程度设计合理，帮助学生顺利完成对所学新知识的意义建构。

5.4.3 课前知识传递

在翻转课堂教学中，学生一般是通过网络学习平台里的电子教材或教师提供的教学视频来完成课前深入学习的。在此过程中，需要借助 QQ 群、手机 APP，Tablet PC 的支持，教师首先登录到网页客户端，把录制的教学视频和课前练习到网上，并把具体的教学安排通过群公告发布给学生，鼓励学生自主完成课前的学习任务。这样，学生就使用学习平台里丰富的学习资源进行相关内容的学习。学生在学习教学视频之后，应及时使用课前针对性练习来检测各自的学习内容的掌握情况，对自己理解比较薄弱的知识点，学生可以通过反复观看教学视频来帮助自己达到对该知识的完全理解。同时，教师需要在群论坛里发表一个有关课堂反馈为主题的帖子，并要求学生以回帖的形式把疑难问题提交上来，以此来帮助教师掌握学生的学习动态。学生在自学过程中，如果遇到了学习困难，既可以通过向群里发起发言或向教师发起临时会话，请求助学者或同伴给予学习帮助，也可以通过学生间创建讨论组展开协作学习来解决。当部分学生都遇到同一类或同一个学习问题时，需要教师及时创建讨论组，设置讨论主题并邀请学生加入，通过发起多人视频构建网络虚拟课堂的方式来统一解决学生的学习疑惑。

在整个知识传递的过程中，学生自主选择学习资源、自主设定学习步调、各自制订学习计划来完成相关知识的课前学习，某种意义上真正实现了学生的个性化学习，教师起到了帮助学生自学的促进作用。

5.4.4 课堂知识内化

翻转课堂教学模式的最大特征不是让学生发生了较深入的课前学习，而是在于充分利用课堂时间，通过组织有效的课堂活动来实现学生知识内化过程中效益的最大化，延长了课堂学习时间，提高了学生学习效率。建构主义认为，在一定问题情境下，学习者新知识获得一般是通过一些人际协作活动来实现知识意义建构。所以，教师在组织课堂学习活动的时候，应该鼓励学生积极开展自主探究，运用所学新知识来分析解决遇到的实际问题，同时，注意调动学生的积极性，让学生主动参与小组协作学习，合作完成学习任务。

教师根据学生自学反馈，挖掘出学生学习时的难点及其薄弱环节，设计出更高水平的巩固练习或活动主题，促进学生知识的进一步深化，并把活动主题上传到 QQ 群共享。在实行翻转课堂教学时，允许教师和学生把 Tablet PC 带进教室里，要求所有学生进入 QQ 翻转课堂群，把活动主题内容或强化型练习下载到 Tablet PC

上。学生先按照教师的教学安排独立开展学习探究，当经深入思考之后，仍有不能解决的问题时，学生可以在 QQ 群里发出学习帮助请求，一旦得到其他学生同意给予答复的消息时，所有遇到此类问题的学生应积极地向该同学靠拢，动态组成学习小组，通过合作探究的方式来完成学习任务。如没有得到同学的答复消息或小组间遇到不能解决的问题时，教师在巡视的过程中，必须为这些学生实行个别化辅导，及时解决学生在知识内化过程中的疑惑。当学习活动完成之后，教师要注意引导学生积极主动地展示学习成果，并引发头脑风暴，展开讨论，同时，引导学生通过观点的相互碰撞使所讨论问题的深度引向更深层次。

考虑到课堂时间有限，不能够让所有学生都展示自己的学习成果。介于此，我们在 QQ 群社区中的 BBS 论坛上，开辟了一个“课后心得”空间模块，让学生在上面自由表达、相互交流各自的学习成果。通过激烈的学习讨论和观点的相互碰撞，促进了学生对学习内容及学习过程的反思，加深了学生对教学内容的认知。展示讨论的过程也是评价反馈的过程，教师和学生都参与其中，有利于教师了解学生的学习方法、情感、态度等，从而更加客观地从形成性评价与终结性评价两方面来评价学生，促进了教学评价的多元化发展。在肯定学生成绩的基础上，教师把对学生的评价及学生间的相互评价通过 QQ 反馈给学生，并鼓励学生再接再厉。同时，为每个学生建立一个电子学习档案，帮助学生更加客观地认识自己的学习情况，更好地控制自己的学习节奏。在翻转课堂上，学生高度参与，独立自主探究，同时小组间协同工作，完成课堂活动过程中实现了学生认知结构的重新建构，真正体现了学生的主体性，而教师在此过程中则扮演着指导者、促进者的角色。

5.5 实施翻转课堂的挑战

5.5.1 学生自学能力和协作能力及其意识的培养

现代化信息社会，新知识不断产生，并且更新速度很快，这要求我们不断地进行学习，在校的学生更是如此。所以，学生具备很强的自主学习能力是终生学习时代的重要素养。同时，在工作生活学习中，我们也都会遇到许多难度相对较大的任务或问题，并且这些问题并不是我们一己之力所能解决的，这就需要我们向同伴寻求帮助，协同进行解决，所以具备很强的协作能力也很关键。

翻转课堂的课前知识学习主要靠学生自己自学完成，因此，学生自学能力的高低一定程度上决定了学生对基础知识掌握的好坏。课前知识学习是翻转课堂的一个重要环节，这一环节的成功与否将直接影响着翻转课堂整体的教学效果。但是学习者已经习惯了传统的教学方式，学习时过分依赖教师的课堂讲授，造成学生自学能力及自学意识严重缺失。因此，在实施翻转课堂时，如何创造有利条件帮助学生自学、提高学生自学能力、培养学生自学意识是取得翻转课堂良好教学效果的一大举措。

课堂学习活动是翻转课堂的灵魂。要求学生协作完成学习任务，在协作学习中完成知识的内化。传统的课堂由多由教师讲授，学生自己在下面“各自为政”，几乎没有协作学习环节。所以，学生的协作能力和意识也很欠缺。因此，为使课堂学习活动能够得到有效开展，培养学生的协作意识，提供学生的协作学习能力也十分关键。

5.5.2 教师课堂把控能力的提高

翻转课堂模式尽管弱化了教师知识讲授的功能，但是对教师其他方面能力却提出了更高的要求，如学情分析能力、辅导能力，尤其是对教师的课堂把控能力要求更高。在翻转课堂中，课堂学习活动是提升学生认识水平的重要方式。而学习活动的组织由教师来执行，学习活动参与度的高低、效果的好坏，在一定程度上取决于组织者的把控能力。因此，促使学习活动的有效开展及学习效果的提高，提高教师的课堂把控能力势在必行。

5.5.3 个性化学习平台的搭建

本章笔者以 QQ 群作为辅助教学系统搭建翻转课堂，但因 QQ 群本身的局限性，比如不能清楚地知道每个学生是否完成了学习任务、不能轻松地及时把握各个学生的课堂学习动态，不能准确定位哪个学生需要个性化辅导等一些问题，这些局限性使得教师需要花费大量的时间来整理 QQ 群空间及聊天记录里的散碎的学习信息，任务重、效率低、不完整，致使翻转课堂的不能完全发挥其实际的教学效果。

由此可见，翻转课堂的顺利实施需要信息技术手段的大力支持。无论在课前知识传授环节，还是在课堂知识内化环节，教师都需要时时掌握学生的学习动态，这样才可能有针对性地开展个性化辅导；同时，学生在协作学习时，也需要及时了解学习同伴的学习结果及学习路径，以便能准确定位寻求帮助的对象，组成动态学习小组。这些工作在传统的教室或网络平台上是不能完成的。因此，在进行教学实践时，依据翻转课堂的实施要求，搭建个性化的网络教学平台是保证翻转课堂取得成功的一个很重要的手段。目前，这类切实可行的个性化教学系统还不存在，需要我们重新进行设计。

5.6 翻转课堂的网络教学系统的核心模块

本节从克服不利于学生自学的因素出发，基于建构主义认知理论和翻转课堂的教学理念，在参考翻转课堂教学模型实施要求的基础上，设计了为翻转课堂教学服务的网络教学系统核心模块：教学视频资源整合。

视频文件凭借其自身兼具声音、图像，且拥有无法比拟的知识容量的特点，日益成为宝贵的教学资源，在教学中起着不可忽视的作用。本节根据翻转课堂的特点与要求，对网络教学视频资源进行了以下几方面整合：

（1）细化知识单元粒度。现有的教学视频一般是以课为单元进行知识讲授，时长一般在45~60分钟，甚至更长，由于视频包含着图像和声音，传递的信息极为丰富，若视频片段过长，学生不能很好地消化视频所传递的信息，只能是走马观花，反而达不到最佳学习效果；每段教学视频没有配套的针对性练习，学生学到的知识得不到及时地巩固，学习效果一般较差。

依据翻转课堂教学实施的要求，把课堂教学内容分为课前教学视频和课堂学习活动两部分，课前教学视频主要是把一节课的教学内容划分为若干具体问题，每个具体问题使用一个微视频进行讲解，并配以相应的针对性练习进行巩固。而课堂学习活动则是由一系列有深度的习题或主题活动组成的，用来引发学生观点的相互碰撞，深化学生认知。通过这种问题或活动的方式来完成对教学视频知识单元的进一步细化。

需特别强调的是微视频的具体时长取决于微视频所要呈现的问题的大小，但应该控制在学生注意力集中的时间范围内，不能过短，须确保问题讲解的完整性，但也不能过长，一般在20分钟之内为佳。

（2）明确视频教学信息。目前，我国的精品课程网站中提供了大量的课堂内容系统讲授、教学重难点解决、实验过程展示以及教学辅助等类型的视频资源，但这些教学视频多是对课堂实况的简单录制，并没有对教学信息进行二次深层加工，内容较为杂乱，问题针对性不强，而且无关信息较多，容易分散学生的注意力，不利于学生自学。所以，这些视频资源很难保证学生能够顺利地完成知识的消化与吸收。

为进一步明确教学视频所传递的教学信息，如前文所说可采用“录屏软件+PPT”的方式进行教学视频录制。选择一个录屏软件，以PPT空白演示文稿为电子白板，依据学生的学习认知规律和知识的内在逻辑，把教学问题的讲解过程一步一步地呈现在PPT演示文稿上，同时配以语音讲解。所录制的教学视频除了教学内容和语音讲解之外，没有其他冗余信息，教学信息十分明确；与传统教学视频的全部教学内容的静态呈现方式相比，这种教学问题讲解过程的动态呈现更有利于帮助学生集中注意力，提高自主学习效率。

（3）习题答案的过程性智能呈现。目前，网络系统中的练习大多是章节性练习，问题针对性不强，尤其是习题答案，多是静态的整体呈现，不利于学生思考。在习题强化的过程中，为学生提供恰到好处的帮助，有利于提高学生独立分析、解决问题的能力。为此，每个小问题后可增设一项“智能帮助”的功能，为学生提供当前完成步骤的下一步的问题解析，帮助学生分析、解决问题。如果学生能顺利完成该习题，智能帮助系统将会提供详细的习题解答过程，让学生进行参考对比。但如果学生对当前步骤不能准确作答时，下一步的解题分析将不再提示，防止学生为单纯地完成学习任务而投机取巧。考虑到一些习题难度较大大，学生需要思考很长时间或在他人的帮助下才能顺利完成，我们又为每个小问题设置一项“重做”功能。当学生在解答习题过程中遇到疑惑并在解题分析的帮助下仍不能解决时，学生可以通过协作学习方式向教师或学习同伴请求给予帮助，然后选择重做功能再将习题答案加以完善。最后，学生对问题的回答情况及其他学习记录信息，将通过云平台进行汇总处理，帮助教师和学生了解学习动态。

（4）学习监控机制的可视化。网络学习监控是指为了确保学生学习成功，提高学习效果和质量，对学生的网络学习活动进行的计划、检查、评价、反馈、控制和协调的一系列过程，包括教师对学习过程的监控和学生的自我学习监控。在翻转课堂中，无论是课前的知识传授还是课堂活动的学习，都大力倡导学生自主学习、协作解决问题，这就需要学生控制自己学习活动，如果学生的自我控制能力较弱，学习效果就会很差。因此，教师需要采取必要的措施来监控学生的学习。一个有效的网络教学系统不仅能够为教师和学生提供一个了解学生状态的途径，而且还可以采取恰当的、具有针对性的教学干预，进而实现对学习过程的监控，促进高质量的远程学习的发生。

为此，本书把学生的所有学习记录信息转换成一个可视的二维表进行表示，将学习动态较直观地展现给教师和学生，搭建起了一个多维学生行为数据与教学用户之间的信息理解与交互的桥梁，实现了教师对学习过程的监控和学生自我监控的可视化。

学习动态一览表不仅可以为学生提供内容可视化的学习导航和学习路径，使其得到学习引导，避免信息迷航；又可以呈现出其他学习同伴（如高手）的学习路径和学习结果，帮助学生准确定位求助对象，提高了学习效率；还实现了学生学习进度的公开化，起到了表扬、激励优秀学生和督促、提醒暂时落后学生的作用。在翻转课堂教学过程中，教师通过学习动态一览表可以获得真实的学习信息，为科学的教学决策提供依据，又可以对学习进度较慢的学生加以督促，使其回到正常的学习轨道上来，同时，教师只需重点关注显示为红色的疑难问题就可以有针对性的排除学生的学习障碍，有利于提高教学效率，节省教学时间。

5.7 翻转课堂教学实践与在武汉体育学院进行的实证研究

目前，国外对翻转课堂的教学实践较多，但国外的教育、技术背景与国内差别很大，所以需依据我国国情进行翻转课堂的教学实践的研究很有必要。需从研究中找出翻转课堂教学模式的优点与不足，进而来验证翻转课堂在国内教学中是否可行，对推动我国关于翻转课堂的教学改革有很大的帮助和促进作用。借助前文提出的通用型翻转课堂教学系统模型和支持翻转课堂的网络教学系统，笔者在讲授大学英语教学中利用《朗文交互英语》教学平台对翻转课堂教学模式进行了实验，以此来验证教学系统和翻转课堂模式在大学英语教学中的效果和可行性，探究翻转课堂的不足，总结翻转课堂在实施过程中的注意事项及所遇到的挑战，以此来促进翻转课堂教学模式在体育院校的大学英语课堂中更好地推行。

5.7.1 研究思路

（1）组织翻转课堂教学。首先，体育院校的学生英语语言基础差，自觉性低，为保证学习者课前自主学习的有效开展，教师花了不少精力提前培养学生的自学能力及相互帮助、团队协作的意识与能力，保证每一个学习者对支持翻转课堂的网络教学系统各功能模块能够熟练使用。其次，为激发学习者的内在学习动机，需要在每个学习任务前创设一定的问题情境，让学生带着问题去学习。再次，翻转课堂中，学习者按照教师在系统中的学习公告安排自己的学习，在教学系统的帮助下，通过教学视频和课前针对练习，采用自学方式来完成课前知识学习，并解决课前教师提出的问题；课堂上主要通过课堂学习活动的讨论汇报、学习任务的解决，帮助并鼓励学生相互质疑，实现知识内化。最后，不定期地做一些阶段性测试，来掌握学生的学习情况以及其对翻转课堂的看法。

（2）对测量数据进行分析。对收集到的调查问卷和学生成绩等数据，进行对照分析和相关性、差异性检验，来论证翻转课堂教学实践的学习效果及学生在自主学习能力、协作能力产生的变化，从而探索在体育院校的大学英语课程教学中应用《朗文交互英语》翻转课堂教学平台的可行性和局限性。

5.7.2 注意事项

为使研究更具客观性和可比性，应选取学习水平层次基本相同的运动康复治疗2015级的两个平行班的学习者作为研究样本来分别参与翻转课堂和传统教学模式的教学实验，这样，最后结果的分析才具有可比性。保证支持翻转课堂的网络教学系统正常运作，为学习者的自主学习提供有效的学习支持环境，同时，要求参与实验的学生按照教师的安排进行正常的学习活动，教师要对研究过程进行严格的控制。

在翻转课堂中新知识的学习大多是由学生自主学习完成的，因此，在学生自学过程为学生提供及时性、个性化、人性化的学习支持尤为重要，也是提高学生自学效率的一个有效举措。《朗文交互英语》教学平台设计出的支持翻转课堂的网络教学系统，是针对翻转课堂教学模式的特点而设计的，能为翻转课堂的教学提供较好的教与学的支持。

本系统主要包括两个用户：教师和学习者。教师登录系统可以发布教学进度公告、上传学习资源、实时监控学生学习动态及有针对性地为学生提供个性化学习指导等。学生登录此网络学习系统可以浏览学习任务、学习资源、即时或非即时获得学习帮助、并且可以通过学习动态一览表导航自己的学习、明了自己及他人的学习情况。关于学习资源方面，系统主要采用微视频的方式，并为每个微视频设置具有针对性的练习，同时为每个针对练习设计为学生提供学习支持的功能，帮助学生自学。

（1）翻转课堂的教学过程

参考通用型翻转课堂教学模型，借助支持翻转课堂的《朗文交互英语》网络教学平台，笔者设计出了详细的教学过程。

在进行课前知识传授时，首先，上传教学内容到服务器的“教学视频库”和“习题答案库”里面，并发布教学进度公告；然后，让学生根据教师的课时安排，通过“课堂学习”、“课程测试”两个功能模块进行课程内容的学习。在学习过程中，系统将学生观看教学视频的时间和习题的完成情况等详细的学习信息记录下来，并生成一个学习动态一览表直观地表现出来。教师和学生都可以分别通过学习动态一览表来监控学生的学习和获取同伴的学习帮助，最后通过类似QQ群的“即时交互”功能进行相互交流。

在进行课堂学习活动组织时，教师和所有学生登录到《朗文交互英语》网络教学平台，教师首先进行言语激励，引导学生积极参与到学习活动中，然后让学生再通过“课程测试”功能进行学习，在学习过程中，学习动态一览表会呈现出活动的完成进度及结果。在学习动态一览表的帮助下，学生可以离开座位动态组成学习小组，通过讨论探究、合作互助的方式来解决问题。教师通过学习动态一览表实时关注学生的学习，根据教学的实际情况，在巡视的过程中给予学生针对性的个性化指导。课堂学习活动结束之后，要求学生把学习成果上传到“讨论共享”里，让学生之间互评共享。最后教师对知识脉络进行归纳总结，并对学生的学习成果做出评价。

由于翻转课堂比较重视学习者的自主学习，而且把对知识的初次学习安排在课堂教学之外，那么，只要学习资源充足且导航体系清晰，学习者就可以根据自己的学习进度、认知风格选择知识点，并开展自主学习。由于各个层次的学习者可以自主安排学习进度和选择知识点，就会逐渐消除传统课堂中存在的“一刀切”现象。

（2）翻转课堂对学习者的自主学习能力的培养

翻转课堂打破了常规的以“教师为中心”的传统教学模式，充分发挥了学习者的主观能动性，比较有利于学习者自主探索并进行发现式学习，是典型的“以学生为中心”的教学模式。由于翻转课堂把初步学习阶段交给学习者自主学习，由学习者自行安排学习时间和进度、选择知识点，这对锻炼和提升学习者的自主学习能力方面具有良好的促进作用。

(3) 翻转课堂对学习者的协作学习能力的培养

教学实践证实，由于翻转课堂鼓励学习者在课外时间开展自主学习，有利于学习者探究能力和创新能力的培养；与传统课堂教学模式相比，翻转课堂以交流和分享替代了传统的“讲授”教学模式，这无疑对学习者的交流和沟通沟通能力以及协作能力都有较大帮助。翻转课堂教学在提升和培养学习者的协作能力、创新能力和班级凝聚力方面具有较高的实用价值。从学生的测量成绩还可以看出，翻转课堂在项目教学法、或者以技能任务型为主的课程中优势更加明显。

(4) 翻转课堂与其他教学组织策略密切结合

翻转课堂与其他成熟的教学模式有所不同，它仅是一种简单的教学组织方式，只是把传统教学顺序颠倒了过来，却没有涉及如何取得更好的教学效果的教学策略和教学方法。因此，有效组织翻转课堂的教学还必须有机地结合其他具体的教学策略，把活动教学法、发现学习、项目教学、基于问题解决的学习策略以及自主学习教学理论等渗透到翻转课堂教学模式的实践过程中。否则，孤立地探讨翻转课堂概念内涵是没有实际意义的。

国内的学生与国外的学生相比，性格方面较为收敛，比较喜欢传统的讲授型授课方式，不习惯课堂讨论和自主探索。因此，在国内推行翻转课堂教学模式，需要教师在构建学习支持系统、激发学生学习动机、有效组织学习活动等方面多花些心思，减少学习者对翻转课堂的抵触情绪。这些问题都要求教师付出更多的心血。

由于大部分学生和家长们对“课堂讲授”的授课方式已经习以为常，所以有些学生和家长对翻转课堂教学还存有疑虑。相信他们经过一段时间的适应，这个问题将会自然而然地得到解决。另外，部分教师也会因担心学生给予自己较低评价而对翻转课堂产生顾虑。这些因素都会影响翻转课堂的推广与普及。

第6章 我国体育院校大学公共英语教学改革的反思

为了适应我国高等教育发展的新形势，满足社会发展对各类人才英语水平的更高要求，自2004年2月起，教育部全面启动了大学英语教学改革。体育院校经过十余年的大学英语教学改革，也已取得了不小的成绩，但也存在多方面的问题。对此进行探索，有利于这一新教学模式的改进与完善。此次大学英语教学改革的目的，就是把原来以阅读为主的教学方法转变为阅读与听说相结合，并以听说为主的教学方法，把教学中心转移到全面提高大学生英语综合应用能力上来。也就是说要实现从以教师为中心、单纯传授语言知识和培养技能的教学模式，向以学生为中心、注重培养语言应用能力和自主学习能力的教学模式转变。改革的手段就是要以现代化的教育技术和先进的计算机技术为支撑，把课堂教学与自主学习相结合，推进英语教学改革。改革内容分为三个方面：一是把原来全国统一的《大学英语教学大纲》改为《大学英语课程教学要求》，并由各个学校根据自身的具体情况制定教学大纲，使得大学英语的教学更具有针对性；二是改革大学英语教学模式，即把课堂教学与自主学习相结合；三是改革评估方法，将原来单一的终结性评估（期末书面考试），改为形成性评估（学生自我评估、学生相互评估、教师对学生评估、教务部门的评估）与终结性评估（期中考试、期末考试、口语考试）相结合的评估方法。

6.1 大学英语教学政策在体育院校大学英语执行中的突出问题

由于在给体育院校非英语专业的学生上英语课时是大班上课，所以人数往往在60人左右甚至更多，再加上学生语言基础普遍薄弱的情况，对老师的课堂控制能力不能不说是严峻的考验。虽然各个院校在英语教学时都参照了教育部新颁布的《大学英语课程教学要求》，但采用的主要是传统的教学方法，即老师在上面满堂灌，学生在下面满堂抄笔记的方法。这必然形成“英语教学主体单一化，教学结构模式化，教学目标和教学组织形式单一化，教学方式静态化和教学与生活割裂的局面”。这种模式培养出来的学生，以后走向工作岗位，应用英语和外国人交流的水平必然极其有限，语言交际能力匮乏，不能适应国际化的社会对体育人才的要求。同时，在老师组织教学时，忽略了社会和用人单位对学生外语能力的要求，一味死抓课本，有的甚至一味讲语法规律，造成和高中英语课堂知识的重复，从而浪费了大学生学习英语的宝贵课堂时间。目前的体育院校大学英语教学主要存在以下问题：

6.1.1 教学目的单一化

长期以来我国大学英语的教学目标被明确为“培养学生具有较强的阅读能力和一定的听、说、写、译能力”。一直以来的应试教育更重视训练学生的阅读能力，而忽视了对学生的听、说、写、译等能力的培养，最后必然又影响到英语阅读和综合能力的提高。这一现象在体育院校表现尤为突出，许多体育院校的大学英语结业成绩直接与三级考试甚至四级考试直接挂钩，通过对部分体育院校学生进行的访谈得知，大部分体院学生学习大学英语学习的直接目的是为了能顺利毕业，少部分基础好的学生是为了考级拿证，还有极少数学生是为了出国留学。在体育院校大部分师生都忽略了语言应用能力的培养，大学英语教学成为了形式。

在体育院校的大学英语课堂教学中，学生的学习的局限性比其他普通高校更大，学生仅仅限于盲目跟随教师的教学进度，而且在相当大的程度上是为了完成教师布置的任务而学习。学生对于教师如何教，学生怎样学的问题并不是特别清楚。虽然大学英语教学提出要培养学生的读、听、说、写、译等多方面的综合能力，但是其目的还是非常模糊，具体的衡量指标仍然采取考试的方式，这就使大学摆脱不了应试教育的惯性。尽管教育部最新颁布的课程要求在学生综合素质和应用能力方面顺应了目前的社会现实和教改需求，但这毕竟只是纲领性的要求，衡量标准尚需进一步的具体量化。尚需在实际应用中体现能力的提高，因此，还有待于构建具有实际可操作性的评估体系和检测手段。

大纲与教材是目的与手段的关系，我国大学英语教学到目前为止所遵循的大纲性文件有四个。1986 年《大学英语教学大纲》：大学英语教学的目的是培养学生具有较强的阅读能力，一定的听的能力，初步的写和说的能力，使学生能以英语为工具，获取专业所需要的信息，并为进一步提高英语水平打下较好的基础。1999 年《大学英语教学大纲》：大学英语教学的目的是培养学生具有较强的阅读能力和一定的听、说、写、译的能力，使他们能用英语交流信息。大学英语教学应帮助学生打下扎实的语言基础，掌握良好的语言学习方法，提高文化素养，以适应社会发展和经济建设的需要。2004 年《大学英语课程教学要求（试行）》：大学英语教学的目的是培养学生的英语综合应用能力，特别是听、说能力，使他们在今后工作和社会交往中能用英语有效地进行口头和书面的信息交流，同时增强其自主学习能力，提高综合文化素养，以适应我国社会发展和国际交流的需要。2007 年《大学英语课程教学要求》：大学英语是以英语教学理论为指导，以英语语言知识与应用技能、跨文化交际和学习策略为主要内容，并集多种教学模式和教学手段为一体的教学体系。大学英语的教学目标是培养学生的英语综合应用能力，特别是听说能力，使他们在今后学习、工作和社会交往中能用英语有效地进行交际，同时增强其自主学习能力，提高综合文化素养，以适应我国社会发展和国际交流的需要。从以上教育部的要求来看，从注重学生的阅读能力培养到培养学生的实际交流能力和综合应用能力上来，这在教育理念上是很大的进步。

但在体育院校的实际教学活动中，教师更多地注重讲解课文内容，学生的英语应用能力在课堂上也提升有限。教师在课堂上照本宣科地讲解单词、语法，课堂气氛沉闷而缺乏激情。教师仅仅将英语当做一门知识来传授，忽视了语言是一种应用型技能，教学目的的错位必然导致教学方法的不正确。讲解单词加语法的传统教学模式忽视了语言学习的基本规律，必然不能满足学生和社会的需求，也造成了教学资源的巨大浪费。

6.1.2　教学模式呆板化

我国英语教学的历史不短，从清末中小学设置英语课算起有一百多年历史了。在这一百多年间我们从国外引进了不少的外语教学理论与方法，从语法翻译法、直接法、听说法、暗示法到目前盛行的交际教学法等，但遇到我国“班级大、学生多”的现实情况时，就都不甚成功。对我国体育院校的大学英语课堂考察发现，几乎所有的学校都是大班教学，一般60人为一个基础班，最大的授课班级有近百名学生，由于学生人数多，不可能根据学生的个性进行教授，教师也就采取照本宣科这一最简单的方法教授课程，课堂内外也很少组织相关活动，教师在讲台上宣讲，学生在台下记录，这样“填鸭式”的教学模式很难引起学生的学习兴趣，本来体育生的英语基础就相对较差，遮阳挡教学模式更形成了一个恶性循环，很难达到预期的教学目的。

我国体育院校的大学教学几十年来采用的模式可用教师+学生+课本+粉笔（或投影仪、录音机）来表示，近些年虽然也加入了电脑多媒体，但传统的教学模式并没有发生实质性的变化。在这种模式下，又可分为“承包制”和“分线制”。所谓“承包制”，就是指一名教师要教精读、泛读、听力等各门大学英语课程。而“分线制”则指精读课由一名教师执教，泛读、听力各由其他教师执教。要论现在十余所体育院校教学模式最大的区别可能就是“承包制”还是“分线制”的区别，无论是什么制，体育院校最常见的教学法还是在传统教学模式下经过改进的语法+翻译法（也称为“译读法”）。这种教学法是受结构主义语言学和行为主义心理学影响的。这种教学法认为，掌握语言就是掌握语法，而掌握语法的方法就是通过大量的翻译练习。此外，这种方法还关注阅读能力的提高，并始终把阅读教学放在首位。在这种教学模式的精读课上，教师基本上采用的是以词汇、句型为中心的教学方法。其特点是对课文这一语言范本进行细致、深入分析讲解，向学生输入某种语言形式，然后让学生反复操练，以形成正确的语言习惯。这种模式优点明显，即教师可以根据学生的个性差异而因材施教，并根据多年的教授经验生动地对课文进行讲解。教师还可以根据学生的认知程度灵活调整教授方式、增加或删除授课内容。这种教学模式下的师生互动的机会较多，师生的关系比较融洽。但是，这种教学模式的弊端也是显而易见的，比如教学手段单一、教学过程机械、忽视语言技能的培养以及大班教学的效果不好等，而如何提高学生的语言技能的培养和改善大班教学效果恰恰是这几年我国大学英语教学改革的重大课题。因此，势必需要对传统教学模式进行有的放矢的改革。

6.1.3 教学内容非实用化

当今体育院校所使用的大学英语教材主要包括《新视野大学英语》、《21 世纪大学英语》、《新编大学英语》、《新编实用英语》和《大学英语（全新版）》等。虽然这些教材风格不同，各具特色，但都以大纲为依据，殊途同归。

我国体育院校使用的大学英语教材数量多，有精读、泛读、听说、语法和练习等，除教师用书外学生用书一般都在 10 册以上，有的甚至多达 20 册以上。一个普通大学生在校期间学习英语的教材数量过多。有的体育使用的第三册以上的大学英语课本（主要是体育院校里的非体育专业生）已经和英语专业教材没有什么区别了，简直是在用培养英语专业学生的方法来培养非英语专业学生。虽然有部分体育院校的课程设置不太符合政策要求，大部分的院校基本上还是按《课程要求》的规定来安排教学的，教学周数和教学学期数也基本相同，但普遍存在重视精读课，而听与说的课时安排过少的问题，严重偏离《课程要求》所强调的“培养学生听说应用能力”的规定。大量的课程内容以及配套练习在有限的课时讲授完毕，教师只能赶进度，每周都在讲授新课。这种教学必然导致学生兴趣不高，授课内容难以消化等后果。

另外，相当部分学生对学习英语兴趣索然的原因不仅仅是入学基础差，更重要的是教材陈旧，教学内容严重脱离实际生活，不能满足学生的学习需求。改善教学内容设置是提高教学质量的一个重要方面，也是大学英语教学改革的基础之一。如果教学中一味追求学术性和文学性，使我们的语言教学脱离应用，远离学生的日常生活，也就不利于学生对语言交际的实际理解体验。有调查表明，教师提供给学生的教学材料如果是现实生活中常用的语言材料，学生自然兴趣盎然，学习效果自然提高。但我们也应当注意，外语教学不应该仅仅停留在语言交际的层次上，也要逐步提升到文化交流的层面上来，但我国教师在课堂上很少关注对教材以外文化知识的学习，这其中就有语言应用或是文化学习的矛盾存在。曾长期在北京外国语大学任教的著名外籍专家 David Crook 这么说过：“莎士比亚的作品自然漂亮，不过它们对于大多数中国学生来说并不急需。我认为，从英美报刊中仔细选摘的文章更有用，它们是一些最好的现代英文。”

针对体育院校非英语专业学生对教材内容及使用的情况，笔者做了一个调查，调查结果体现学生的话题兴趣与教材话题的匹配情况如下：首先，普遍表示感兴趣的话题涉及大学生活、友谊和情感、文化休闲娱乐及冒险等切合学生生活又积极向上的话题，而最不感兴趣的则是那些有关婚姻、克隆、伦理道德、吸毒、恐怖主义及世界冲突等远离日常生活且比较沉重的话题；其次，从对三大教材出版社的教材比较来看，学生对教材中所涉内容感兴趣的依次是高教社出版的体验英语教材、外研社的新视野教材及上外社的全新版英语教材。学生感到不够满意的方面主要是教材与自己的现实生活关联度不够。学生们还认为，经过对教材内容的系统学习，自己的思维能力和口语能力提高不明显，对学习效果不够满意。有的学生认为教材对大学英语四级考试的针对性不够，但也有学生认为教材在使用过程中不应该为了考级的需要而将课文中的词汇用四六级单词进行替代，更多的学生表示对与自己专项挂钩的英语教学材料更感兴趣。这也说明我国的大学英语教材编写处于两难境地，受制于尚未完全成熟的外语教学与评估体系。

此外，北京大学的胡壮麟教授曾撰文批评试点教材和教材发行中的商业气息。例如他提到曾有报道在国家教育部1999年的《大学英语教学大纲》修订本还没正式问世之前，一些出版社已经出版了所谓符合《大纲》的大学英语教材了。这不是一个个别现象，几乎每次相关的政策出台前都会有这样类似的情况发生，这就很难说这些教材的试用版真的严格遵循了教学政策的要求。对于教材自身的缺陷，现在很多教材重视学生交际能力的培养，对语法和翻译技能等方面就很少涉及；有的教材练习千篇一律，机械刻板；有的教材读写教程较好，但听说教程不行，这是很多教材的一个通病。

6.1.4 教学主体非专注化

目前的体育院校大学英语教师队伍的整体素质呈年轻化及高学历的上升趋势，但也存在如下问题：

首先，体育院校的管理体制的偏差导致教师敬业精神不足。管理体制的核心包括评价体系和用人机制。而在现实中，作为风向标的高校评价体系存在严重偏差：第一是重研轻教。高校的管理者往往重视科研成果和项目，而忽视对教师实际教学能力与教学工作的考评。无论是学科带头人遴选，还是职称评定，或岗位聘任，其评价硬性指标多为科研范畴。这样导致多数教师重研轻教，有的教授不愿给本科生上课，有的教师不认真备课，照本宣科，教学质量得不到保证，致使学生的培养质量一再下滑。第二是重标志性成果，轻综合实力。在聘任中高层次岗位的教师时，看重标志性成果，而减轻了教师教学、育人等综合实力的权重，致使有些教师一心只抓核心文章的发表，或者四处去跑获奖，不认真备课和上课，课堂教学效果差，学生反映不好，根本谈不上教学质量和效果。现在的中国高校对已有教师的培训很少，用人上常常是重外轻内：重视海外、校外人才的选拔引进，忽视本校原有人才的素质提升，这种情况在体育院校中也是常态，在科研经费、职称及住房等方面，常向引进人才倾斜，忽略了对本校已有人才的激励，在一定程度上挫伤了他们的积极性。以上重研轻教、重外轻内、重标志性成果轻综合实力等做法均导致大学英语教师敬业精神不足，严重影响了其教学功能的发挥。

其次，体育院校大学英语教师不够“专业”导致教学效果不佳。大学英语教师对英语知识的掌握大都广而博，英语知识面比较广，掌握不同领域的知识，他们在课堂上对英语单词、语法、句法、阅读、写作、口语等各个方面都有涉猎。这就决定了大学英语老师不可能有时间在各个方面都有深入研究。他们往往对阅读、写作、口语、语法统揽教学，这样教学的效果显然不会太好，尤其缺少与学生专业相关的体育英语知识，授课内容不够贴合学生的需要，教出来的学生往往也是对语言各方面的理解不深，专业能力也欠缺。

再次，教师教学思想陈旧。在教学思想上，变传输知识为教授方法，“授之以鱼不若授之以渔”，这是教学改革的老调常谈，这个问题也存在于体育院校的大学英语教学当中。对于体院基础相对薄弱的学生，经过在校的英语教学，如果能够很好地培养和提高自己的自学能力，并且能够掌握提升自己英语水平的金钥匙，初步具备运用英语交流的能力，甚至达到或超过四、六级、研究生入学考试水平，这样在经过几年大学英语教育后还要进行校外英语培训的尴尬就会被避免。笔者认为，要提升学生的英语水平需要采取有效的教学方法，但并不是要大学英语教学充当“专门的英语培训机构”的角色。目前大多数体育院校的英语教学之所以还处于照本宣科、“填鸭式”的灌输阶段，是由于部分教师的教学思想落后，水平参差不齐，教学压力过于繁重，教学流于形式，同时也是社会对教学效果的期望值过高造成的。因此老师在传授知识的同时，还应当考虑到学生的学习实际，给予他们有效的指导，帮助他们在英语学习上去除对教师对学校的依赖性。

最后，体育院校的教师激励机制也普遍存在问题。激励机制是“为了激励员工而采取的一系列方针政策、规章制度、行为准则、道德规范、文化理念及相应组织机构、激励措施的总和”。通过这一机制所形成的推动力和吸引力，使员工萌发实现组织目标的动机，产生实现目标的动力，引起并维持实现组织目标的行为；并通过绩效评价，得到自豪感和相应奖酬，强化自己的行为。正确地把握体育院校教师的需求特征，不断激发教师的创造性和革新精神，并据此建立和完善一整套相应的激励机制，不但可以大大提高工作绩效，还对提高学校的教育质量、办学水平有着不容忽视的作用。当前，大学管理事务进一步复杂化，客观上要求管理机构和管理人员的增加，为大学转变成为“复杂的官僚机器”创造了环境，有的体育院校甚至出现了行政管理人员人数超过教师人数的情况。在这种趋势下，就更应当关注对教师的激励机制。

对大学教师的激励大致有如下几种形式：物质激励、情感激励和荣誉激励。物质激励是激励的基本形式之一。物质激励在高校教师激励体制中具有基础性的地位。在高校管理实践中，物质激励主要体现为工资、奖金、福利、课时津贴、科研奖酬、职称晋升、工作环境和条件的改善等。情感激励也是一种重要的激励方式。教师工作效率的提高，不仅依赖于一定的物质条件，更依赖于教师个体内在的精神状态。从情感入手，通过对教师的信任、尊重与关怀，能很大程度上调动和激发教师的工作积极性。荣誉激励也是一种精神激励。它通过满足教师的自我需要而达到激励的目的。这种激励成本不高，但效果却非常显著。授予学术荣誉称号、颁发荣誉证书，公开表扬表彰，召开科研成果发布会等，都是荣誉激励的表现形式。除此以外，还有工作激励，竞争激励等。

现行的体育院校教师激励制度中普遍存在如下问题：

第一，保守的人才竞争机制。当前许多高校在设置岗位时没有依据具体情况，未真正体现出按需设岗、按岗聘任的基本原则；由于全员聘任制尚未全面实施，长期积累下来的“能上不能下，能高不能低”的任人弊端仍在部分高校存在；教育的公益性与市场法则之间的矛盾，也致使人力资源的配置不能像社会上其他部门那样完全由市场调节，许多高校缺乏一套完整的人员合理流动和教师资源共享的有效机制，进而使教师整体的潜能得不到充分发挥。

第二，对高校教师的情感激励关注不够。多数高校的教师队伍建设中存在的一个突出问题，就是对教师缺乏有效的内在激励方式。许多学校一提到稳定教师，自然就会想到提高待遇，多发奖金。的确，优厚的薪酬待遇对教师队伍的稳定能起很重要的作用，但只靠待遇不一定能使教师队伍稳定。情感激励往往是被忽视的稳定教师的重要方式之一。

第三，物质激励的内容不够丰富，柔性薪资体现不够充分。物质激励主要表现为“外在”和“内在”两方面，前者主要是指可量化的货币形式，现实可见；后者是指不可量化的非货币形式，如培训机会、提高个人名望等。在知识经济时代，前者如工资、奖金、津贴以及职称晋升所带来的物质收入，除了是一种物质奖励之外，更是高校教师自身价值的体现，是身份、地位和荣誉的象征。当前各高校对于前者的设计和关注较多，表现相对灵活，对后者关注则相对薄弱，缺乏建立系统有效的激励机制。

第四，对教师工作满意度不够重视。目前高校教学工作的管理者较多考虑的是如何管理、监督教师的教学活动，而较少能从教师的角度出发，考虑教师个体潜能的发掘及对其工作积极性的调动，满足教师在工作上的成就感和个人价值的实现感。

激励机制的合理设置是一项复杂而系统的工程。对高校的管理者而言，应依照国家的法规政策及教育办学规律，结合高校自身实际，全面了解教师诉求，倾听基层教师的呼声，勇于探索，建立并不断完善有利于调动教师积极性的管理体制和一套可行的规章制度；通过相应的激励措施，使教师的个体需要、工作目标与高校的办学和发展目标相融合，保证教师高质量、全身心地投入到教学和科研工作中，持续提高办学质量和办学效益，提高创造力，增强竞争力和影响力。

6.2 体育院校大学英语教学改革构建

支持大学英语教学改革的理论依据顾佩娅曾指出，“计算机是一种非常得力的语言教学的辅助工具，其重要原因计算机所创造的学习环境比传统的课堂教学更有利于语言的学习，它有助于克服传统课堂教学的种种限制”。在这一点上，我国大多数体育院校在硬件上已经有了相当的实力。目前需要研究的更多的在于大学英语教师如何正确使用多媒体这一新的教学手段，有效地利用它组织教学，而不被它所束缚，使得多媒体教学真正促进学生的英语学习，而不流于形式。

Jonassen（1999）曾指出，学习是意义建构，强调学习的积极主动性、目标指引性、任务真实性、不断反思性和互动合作性。所以，作为教师，一定要充分调动学生的自主学习积极性，引导学生运用各种现代手段，强调学生的认知作用，教会学生自主进行英语学习。以美国心理学家 Carl R. Rogers 为主要代表的人本主义教育流派认为教育应该重视学生作为“完整的人”的价值，教学的目的在于教师帮助学习者激发学习动机，挖掘学习者的学习潜能和自我意识，促使学习者能够进行自我教育。以人为本应该成为大学英语教师教学的主旋律。

从以上的分析不难看出，大学英语教学是一个复杂的系统工程，对教师的知识范围和教学水平提出了较高的要求。在大学英语教学改革中，应该不断调整教学方法，加强与学生的交流，探索出适合中国学生的培养英语实用能力的新型道路。

6.2.1 教学目的的改革

大学英语教学的终极目的是什么？这是一个众多专家学者讨论得很多的一个问题。笔者认为，大学教育总的来说是要服务于社会的。而英语，作为一门语言工具，尤为如此。所以，大学英语教学的目的，应该是在高中英语教学已经给学生打下一定语法及阅读能力的基础上，进一步培养学生使用英语的能力。使得学生在毕业以后可以在工作实践中自如的使用英语和外国人进行简单的书面和口语的交流。因此，大学英语的教学应该具有多个方面的目的，其目的并不具有单一性。那么怎样才能实现大学英语教学的目的多样化呢？笔者认为要实现三个转变，摆正一个关系。

首先，教学思想的转变。只有教学思想转变了，才能实现以教师讲授为中心向以学生学习为中心、由教师为主体向以学生为主体转变的目的。在教学中，学生是学习的主体，是教学诸多因素中第一位的因素，是内因，外因通过内因而起作用。作为学习主体的大学生，已经具有了具备了基本的分析、判断、概括能力和较高的自学能力，教师在课程教学中无需事无巨细、面面俱到，而应在精讲的基础上、让学生积极参与其中；在启发学生积极思考的基础上，由学生自己对语言现象进行对比、归纳，找出其内在的规律性。这样学生学习的积极性才能调动起来，他们的学习兴趣才会提高，学习自信心才能有所增强。长期以来，传统的“满堂灌”、“填鸭式”的教学模式严重束缚了学生能力的发展，其在教学方法上是落后的，教学效率上是低下的，因为它重在语言的讲解，而非语言实践。在传统教学模式下，基于单纯依靠老师的努力学生就能学好英语这样的理念，课堂教学只重视教师的作用，因而大多数时间被用在解释语法规则和词汇及分析课文上，从而忽视了学生的参与。由此可见，我国体育院校大学英语改革的主题应当放在学生自主学习能力的培养上。对于如何切实加强学生自学能力的培养，笔者认为，就目前体育院校的大学生而言，从心理结构方面来看，其思维优势已经有所转变，即已经实现由形象逻辑思维优势向逻辑思维优势的转变；从知识结构方面来看，其基础知识的储备已具备了一定的数量，但还需要继续充实；从能力结构方面来看，其已经具备基本的自学能力，但普遍存在自控能力差的问题。因此在新的教学过程中，应当依据大学生身心发展的特点，充分考虑并尽力挖掘学生的自学潜能。

其次，教学方法的转变。只有彻底改变传统的以传授英语基础知识为主的教学方法，能实现一个质的飞跃，即实现由传授知识为主向英语运用能力培养的转变。在大学英语教学中，应该加强语言功能的教学，巩固学生的语言知识，提高他们的语言运用能力，而不应当简单地进行语言知识的传播。因为英语基础知识与运用能力是相互依存、互为条件的，只有基础知识达到一定的积累，其运用知识的能力才会有较大的提高，没有英语基础知识，运用能力就成了无源之水、无本之木；由于学习英语的目的是为了运用，因此，即使具备了一定的英语基础知识也并不等于语言运用能力已经充分具备。

再次，从“讲授知识”向“传授方法”的转变。传统的教育思想更加注重对知识的传承，往往忽视了对学习方法的教授。“未来的文盲不是不能阅读的人，而是没有学会学习的人。”时代在飞速发展，知识在快速更新，“终身学习”的理念已为人们所普遍认同，在未来高速变化的社会生活中生存发展，就必须具备很强的自我学习能力。

最后，应摆正听说教学与读写教学的关系。把英语听、说能力作为大学英语教学重点，是我国的现实发展国情所决定的。但是对英语教学目标的定位，应有准确、全面的把握，切不可将大学英语教学局限于听说训练，这也不是新一轮教学改革的初衷。在《关于大学本科公共英语教学改革的再思考》一文中，张尧学司长明确指出：提高听说实用能力的要求，同时也要重视阅读理解能力、翻译技巧和基本写作能力的培养。“读写译不但不是不要，还要加强”。因此，把新一轮改革看成只顾听说，无疑是一种误解，语言阅读同听说的能力要求与技能水平有着很大的区别，听说能力的培养显然不能替代阅读能力的培养。而英语阅读能力仅靠自学是很难获得的，必须要经过长时间有目的、有针对性的训练才能获得提高。这就意味着大学英语教学改革，需要由从原来以阅读理解为主转变为以听说为主，全面提高英语的综合实用能力上来。

大学英语教学改革任重而道远，需要切实转变教学观念，采用以学生为主体、教师为主导的教学思想，遵循语言教学的客观规律，消除旧的应试教学的影响，建立新的教学理念。教学目的是基础，教学模式是形式，树立正确的教学目的，才可能形成有效的教学模式，大学英语教学改革也才能顺利开展，才能走到全面实施素质教育的道路上来，为社会培养出勇于创新并具有熟练应用英语能力的高素质人才。

6.2.2 教学方法的改革

基于以上的目的，在教学中，听说的比例应该进一步提高，而语法的教授应该相应减少。这就给教师提出了更高的要求。首先，教师应不断更新自身的知识结构。这个知识结构的更新不仅是英语方面的，也应该是在社会知识以及学生专业知识的方方面面的。只有这样，教师的课堂气氛才能够活跃，课堂信息量才能够得到加大。目前很多体育院校都在大学英语教育中普遍运用了多媒体教学。在英语教师多媒体操作技术日趋熟练的同时，一定要警惕将大学英语的课堂当做多媒体技术的展示厅。一定要坚持多媒体技术用于教学辅助手段的理念，避免喧宾夺主。教师在花精力制作花哨、精美的电子课件以拒绝学习者的“审美疲劳”方面做足了工夫，但恰恰忽略了学习者的认知规律，既没有对教育目标、教学对象、教学内容、教学方法等进行设计也没有对多媒体环境下的教学活动进行设计。

学生在课件中漫游，教师在讲台上不停按动鼠标，电脑成了插足的“第三者”。这样的课堂与传统教学没有本质的区别，甚至还不如传统的教学。教学媒体的现代化不等于教学最优化，教学最优化的决定因素不在于使用哪种媒体，而在于教师所持的教育观念。“如果在使用现代教学媒体时，依然以落后的教学理论作指导，采用落后的教学方法，只是向学生灌输知识，那么就从原来的教师的人灌变成电灌或人机共罐。”由此我们可以知道，教师观念的转变远比一种教学法或教学方式要重要得多。多媒体教学方式，究其实质，它终究属于计算机辅助教学，它显然不能代替全部教学模式。唯有在素质教育的大背景下，以先进的教育理论为指导，加强教学设计，合理利用现代教育技术，才能实现大学外语教学的真正目的。大学英语教学模式在具体的教学实践中表现出两方面的影响，即促进英语教学和阻碍英语教学。在使大学英语教学模式从阻碍向促进英语教学发展的过程中，教学模式的改革是其关键。在大学英语教学模式的改革中，必须注意三个方面的问题，即，对教学模式的认识、对教学模式发展实质的理解、对教学模式影响的认识。只有如此，才能结合大学英语教学实践，充分改革现有的教学模式并使之充分地为当前的英语教学实践服务。

6.2.3 教学模式的改革

众所周知，大学英语教学模式是其教学改革的重点内容之一。换而言之，在大学英语教学实践中，英语教学模式及其相关问题的探讨与研究不仅事关英语教学效果，而且也事关大学生英语素质的培养。因此，每一位大学英语老师都需要对目前的英语教学模式进行认真的反思，并在反思的基础上，对如何改革的问题进行客观的思考。

1. 教学模式的运用

如何运用现有的教学模式是教学模式研究中的一个基本问题。无论是教学有法，法无定法的古训，还是大学英语老师对教学艺术的理解与学生个性化的培养主张，都使大学英语老师明确一个这样的道理：任何一个教学模式都要在教学实践中变通式地运用。即，任何一个教学模式不可能适应所有英语老师的每一节课堂教学。因此，英语老师在运用的过程中，应该对其变通使用。从而使其更加适合自己的英语教学实践，更加适合自己的教学特长。只有如此，才能够充分地发挥这种教学模式对英语教学的影响。

2. 教学模式的发展

结合大学英语教学实践，可以这样总结大学英语教学模式的发展过程：大学英语教学模式是在模式化与非模式化的交替发展中完成自身发展的。即，大学英语教学模式从“无模式”到“有模式”再到“无模式”的依次往复循环完成了自身的发展。因此，无论是“有模式”还是“无模式”的争论，归根结底都是“教学模式”的问题。

3. 教学模式的影响

在体育院校大学英语教学改革中，传统教学模式依然存在，我们不能对传统的教学模式进行全盘的否定。大学英语教学模式对大学英语教学的影响可以从两个层面进行分析：在第一个层面上，大学英语教学模式，无论是其建立之初，还是在其重新建立之前，它的存在都促进了大学英语教学的发展。在第二个层面上，大学英语教学模式只有在其自身发展的某一个阶段上，才对英语教学产生负面的影响。这个时段，包括英语老师对其内涵未能真正理解的时候，包括它因为某些内容不适应教学而阻碍英语教学实践的时候。因此，模对于教学模式对英语教学的影响我们应该辩证地看，而不应该以其自身发展地时间点来进行区分。总之，大学英语教学模式的存在对英语教学实践改革有着重要的影响，既可以促进教学发展，也可以阻碍英语教学发展。然而，在阻碍向促进的转化中，教学模式的改革是关键。

4. 进行大学英语教学模式改革的必要性

（1）现行的大学英语教学模式已经无法适应高等教育快速发展的需求。传统的大学英语教学模式最适应比较小的班级规模，但是自从大学实行扩招以来，学生人数正在高速发展。班级规模的扩大带来了一系列的负面作用，教学效率不断下降。在一个几十人的大班里教师根本无法把学生的水平差异控制在他们能够控制的范围里，他们只能按照事先设计好的教案授课。相对较差的学生由于跟不上教学进度则索性缺课，而相对水平较高的学生则觉得教学节奏太慢而上课干自己的事。体育院校的大学英语课堂这种“吃不饱和吃不下”的情况尤为突出，而且在传统教学模式下，语言交际活动几乎等于零，班级越大，师生交流机会越少。教师无法组织有效的课堂活动，无法让一个学生发言而让整个班级等候，结果教师唯一能够做的就是不停地讲，这就更加重了“一言堂”和“满堂灌”的倾向。体育院校外语师资严重不足的问题越来越突出，已经成了束缚学校教育规模的进一步发展、影响大学英语教学质量提高的主要因素，而要解决这个问题最有可能的一个突破口就是实施新的大学英语教学模式。

（2）进行大学英语教学模式改革能够保证大学英语教学的高质量的发展。随着近几年我国计算机网络技术的发展和教学软件的开发，使一个成熟的基于网络的多媒体教学模式成为可能，新的教学模式不仅可以大量替代教师的重复劳动，解决不断的扩招所带来的外语师资不足这一普遍问题，而且为大学英语教学闯出新路子创造了条件。重要的是新的教学模式改变了传统的保姆式学习方式，在没有教师的情况下，学生们必须学会自主安排学习时间，学会独立使用多种媒体网络教学资源，学会选择适合于自己的学习材料，制定适合自己水平的学习计划，从而激发他们的学习潜能、提高发现问题和解决问题的能力，并形成有效的学习方法，提高学生自主学习的能力。

5. 新型大学英语教学模式改革方法

（1）进一步更新教学理念，实现思想转变与模式创新。要更新把外语考试看做英语教学的终点，把考试通过率视为衡量英语教学尺子的错误观念与认识，努力实现思想转变：即教学内容必须从语言点的讲授为主转变为以学生交际能力的培养为中心；教师角色地位应从知识的传授者转变为实践能力的指导者和质量监控者；课堂教学模式由教师为中心转变为学生为中心；教学重心由“句子水平”转变到“语篇水平”，由单纯重视语言运用的精确性转变为既重视精确又重视流利。同时，在教学思想和观念的转变过程中，一定要着重处理好知识、能力与素质三者之间的关系和教与学的关系。前者要树立学习知识是基础、培养能力是关键、提高学生综合素质是目的的思想，后者则要改变传统的教学模式，把大学英语教学的重点由语言能力培养转变到语用能力培养上来。

（2）注重“以人为本”的观念，调动教师改革创新的积极性。目前我国体育院校绝大多数大学英语教师只有硕士研究生的学历，职称结构也不尽合理。一方面部分老教师因循守旧，在掌握新的教学理论上有困难，另一方面由于师资队伍人员不足，都是超负荷工作，没有过多时间、精力研究、尝试新的教学方法。年轻教师在使用传统的教授方法，年老的教师沿用老一套教学方法几十年，一套教材用了十几年，临近退休也难有精力去钻研新教材，实践新方法，掌握新技术。教师待遇也是制约英语教学良性发展的重要因素。近十年来，各校也曾选留过不少颇有潜力的青年教师，但是，大部分体育院校的大学英语教研室在学校都是有名的“贫困区”，收入低，奖金少，任务重，压力大，于是年轻的一代便耐不住考研、出国、发达地区高薪聘用的诱惑，纷纷各奔前程；年纪稍长的也乘社会上外语热机会增加点个人收入来赡养老人，为子女教育投资，同时还要发表几篇文章应付职称晋级。只有充分运用政策杠杆，才能调动教师进行教学方法创新的积极性。

（3）实施多媒体教学，推进外语教学现代化方向发展。当今以推行多媒体为主的现代化教学已成为英语教学手段改革的标志。而如何推进外语教学现代化，国内学者较具代表性的观点是增加外语课的电化教育、提高现有设备的利用率、建立外语声像信息接收系统、建立科学化考试与分析检测系统、建立外语电化教学立体化服务网络、健全电教管理机制和重视电教队伍建设等。越来越多的实验表明，多媒体教学在突出形象化、学习个性化、安排科学化等方面都优于传统的教学模式。教育部在最近有关大学英语教学的文件中破天荒地提出“以计算机为主，教师讲大课，小班辅导”的授课模式。虽然对引进或借助多媒体教学的优点已成共识，但无论如何多媒体网络教学终究不能代替教师。完善教学手段更重要的还在于人，即教师。现代化的教学手段离不开熟练掌握现代教育技术的任课教师，因此当务之急是要对广大教师进行现代教育技术培训，充分开发先进教学设备的功能，尽快建设起一支能够适应现代化教学要求的师资队伍来。以现代信息技术，特别是网络技术为支撑，使英语教学不受时间和地点的限制，朝着个性化学习、自主式学习方向发展。这也可以加强教师和学生的信息交流，学生答疑、辅导、作业等，也可以发挥网络的优势和作用。

（4）利用网络技术进行大学英语教学，促进教学质量的提高。基于网络的多媒体教学就是以计算机网络为依托发展起来的一种全新的教学方式。计算机网络系统由服务器、交换机、教师主机和学生工作站连接而成，教师通过主机可控制整个网络的每一个终端，与学生进行交互会话，学生在自己的计算机前接受教师的指导进行学习。教学活动中，学生利用计算机的交互功能，在局域网中进行学习，与教师、其他学生进行交流、查找资料。基于网络的多媒体教学模式能够保证大学英语教学的高质量的发展。我国计算机网络技术的发展和教学软件的开发，使一个成熟的基于网络的多媒体教学模式成为可能。这个模式不仅可以大量替代教师的重复劳动，从而解决高校扩招所带来的外语师资不足这一普遍问题，而且为大学英语教学闯出新路子创造了条件。

多媒体网络提供了一个有效的语言学习和使用的环境，在网络上学生可以直接点播英语电影、卫视英语节目和英语教学参考片等，可以和教师甚至是以英语为母语的人用英语进行交流。这种教学模式更加强调个性化教学与自主学习，允许学生随时随地选择适合自己需要的材料进行学习，应能够充分发挥计算机可反复单独地进行听说训练、完成传统课堂上无法完成的听说训练，能够随时记录、了解、检测学生的学习情况以及教师的教学与辅导情况，从而能督促学生积极学习，促使学生的英语听说能力与其他实用能力有一个较快提高以及教师可通过课堂进行辅导，传授阅读、写作、翻译知识和技能的特点，使学生可在教师的指导下，根据自己的特点、水平、时间，选择合适的学习内容，借助计算机的帮助，迅速提高自己的英语综合实用能力，达到最佳学习效果。以现代网络信息技术为支撑，在技术上体现交互性、可实现性和易于操作性，使英语教学朝着个性化学习、不受时间和地点限制的学习、主动式学习方向发展，激发学习兴趣。

6.2.4 教学内容的改革

学校在帮助学生打下良好语言基础的同时，还应充分考虑当前的社会需求，努力提升学生的综合语言素质并增强就业竞争力。目前体育院校高校中非英语专业教学主要开设精读和听力课，使用教材很多，教材的编写宗旨也从原来的重阅读能力的培养到目前的听说读写能力的全面培养，这无疑是非常大的进步，不少教材还配有光盘学习资料，方便学生课前课后针对自身情况自主学习。但在教材内容的选取上过于单一，且信息量严重不足，有限的课堂教学中根本不能满足学生的需求，学生的语言应用技能也未得到有效提升。故此，但学生在择业或毕业以后的实际工作当中，又发现学校里的所学实在有限，不得不寻求培训机构的培训课程。

因此，笔者建议体育院校高校在使用公共核心英语类教材的同时，结合当今社会的发展实际，并结合学生的专业设置，开设新型的英语教学课程，专业英语类如体育专项英语、体育赛事英语等，语言应用技能类如商务英语、旅游英语等，和语言文化素养类如英语国家文化、英国文学选读等。目前体育院校非英语专业的学生学习基础英语的时间从两个学期到四个学期不等，基础差，时间短，学生并不能就很好地掌握使用英语进行实际听说读写的能力。故在结束大学英语课程的学习后，应开设与社会实际结合紧密的相关的高级课程，使用贴近现实的案例教材，将学生对社会的适应和生存能力培养提前到在校期间。

在教材内容选择方面，应以全面提高学生运用专业知识和英语听、说、读、写、译的能力为价值追求。首先，教材内容的选取应以专业选择为指向，着重激发学生的学习兴趣，加强其自学能力、实践与创造能力的培养；其次，课程在专业化之外，还应具有多元化、新颖化、可操作性强等特点；再次，教材编写上还要充分考虑教学方法的更新。目前，信息技术在教材载体上的体现和应用远没能达到预期的效果，计算机网络的超强功能也没能得到充分的开发和利用。网络教材一般呈六种基本形式：①“文字+电子版”；②“文字+音频材料”；③“文字+视频材料”；④“文字+动画材料”；⑤讲座形式；⑥引进版。最差的是前两种，因为这两种的网络教材实际上是纸质教材的翻版。目前各高校使用的第四代教材的网络版就属于这两种。这样的教材只是将内容从纸质教材上“搬家”到电子版上，对于提高外语教学效果意义不大。

教材表现形式上可以多样化，如将纸质平面课本与信息光盘等结合起来使用。可以利用光盘技术的大容量等特点，配套提供大量的相关内容，配合课本教材的同时，供学习者选用。课本的编写应做到语言精练、真实实用。而光盘内容就可以做到详尽完备，丰富趣味。课本是根本，是教材的主体。光盘是补充而不是课本内容的翻版，是配合课本的辅料。可以利用信息技术为学习者营造逼真的语言环境和背景材料分析，既对教材进行有效充分的补充，又增加来学习者的学习乐趣。将纸质课本与信息光盘结合使用，相辅相成，相互补充，构成一个有机的教材系统。

6.2.5　教师管理制度改革

1. 教师激励制度改革

考核制度在教师激励机制中发挥主导作用。首先是要有针对性地选择对对象的考核方式。就教授群体而言，可以采取一种“创造性合约”的形式进行考核。因为他们多数是教学和科研的核心力量，而且他们的工作属于高层次的创造性劳动，所以学校要给他们提供相对宽松的环境。所谓“创造性合约”，是指不给考核对象规定短期任务，而是由他们根据自身教学和科研方面的实际情况，同学校签订契约，约定未来三五年的时间内完成多少教学和科研任务，而学校则根据这份合约所签订的内容对其进行考核。就副教授、讲师和助教群体而言，他们同教授相比，更多的是承担了一线的教学和科研任务，工作量较大，故对他们应采用“自助式”考核方式，即将工作任务分为必选和自选两种，教师在规定的时间和范围选择符合自己情况的一揽子工作计划。

其次是要建立科学的考核机制。科学的绩效考核制度是对教师工作成绩的一种肯定，其本身就是一种激励，同时也是激励机制设计的前提和基础。科学的绩效考核制度关键是要做到考核指标体系的客观、公正。激励机制必须对所有教师都一视同仁，按统一的标准奖罚，不偏不倚；同时对相应的少科研的专业，考核标准要往教学业绩方面倾斜，具体就是要加大对如大学英语这样专业的教学权重。薪酬激励机制是高校教师的激励机制之中最有效、最直接的激励制度。按有效激励的原则，打破传统薪酬制度的平均主义倾向，体育院校应把按劳分配和按“智”分配结合起来。高校教师的薪酬来源大体上分为两类：一类是基本薪酬，这部分包括工资、固定津贴、社会强制性福利、学校内部统一的福利项目等，这部分的薪酬根据级别分配，差别性不大；另一类是激励薪酬，包括各类奖金如教师优质奖、年终奖、长期奖等。其中基本薪酬这一部分一般是由国家拨款或者社会资助等形式补偿的，而激励薪酬这一部分就应该是和工作绩效相挂钩的那部分，是教师薪酬分配之中比较灵活的部分，这部分的多少完全应该以绩效作为衡量标准，而这部分也是众多高校分配不合理的症结所在。

在晋升制度方面，要打破以往以职称为标准的考核、晋升和薪酬制度，变成以个人能力为标准的动态运作模式。要改变当前行政权力大于学术权力的现状，设立教授委员会决定学校的重大决策。在教授以下的群体中，实行能者上，庸者下的动态管理。聘任教授应由教授委员会决定。

体育院校应根据工作需要设定岗位，由教师通过公开公平竞争上岗，获得晋升的机会。每个岗位必须有明确的岗位说明书，使教师明确自己晋升后的工作职责。晋升激励从本质上说是一种自我价值的实现，晋升竞争越激烈，就越能激发教师对所获得岗位的珍惜程度，其工作的努力程度就越高。高校工作的特点决定着教师本身必须通过不断的学习，提高自身的能力和知识储备量，以适应岗位的需要。作为高校的教师大多都希望能在所从事的专业中成为一流的专家学者，所以非常渴望通过各种学习和培训以丰富自己的专业知识，而学校应主动为教师创造这些机会。具体对大学英语教学来说，学校应积极开拓渠道，为英语教师出国进修、交流创造条件，鼓励他们学习国外先进的语言教学方法；注重引进外教等优秀的英语教学人才。

营造富有特色的校园文化环境。个体需要不仅仅是物质利益，在基本物质要求得到满足后，转变为对精神激励的需求。校园文化环境是学校价值观的体现，是学校发展战略、管理理念等的核心。和谐的校园文化氛围是教师们的精神家园，能产生强烈的归属感。高校的管理着要有意识营造和谐的校园文化氛围，做到既要以待遇留人，又要以感情留人。具体说来，高校各级管理者应根据所领导的教师个人的兴趣、特长和能力，为其提供能充分发挥才能的舞台和机会，并不断创造条件，优化教师的工作、生活和学术环境。一方面要通过教育意识培训和思想交流，引导教师提高对教书育人重要性的认识，要通过校内外媒体的宣传，形成尊重知识，尊重人才的舆论氛围，使其产生很强的自豪感、责任感，激发其潜能和工作热情；另一方面要想办法解决教师的后顾之忧，通过多种途径改善周围的大环境和校内的小环境，为教师的生活、工作和成长创造宽松、和谐、竞争、向上的环境和氛围。

2. 教师角色转变

要全方位实现教育教学从传统思想向现代观念的转型。教师要转变教学观念，必须对传统与现代教学的本质区别有比较清楚且全面的认识。传统教学与现代教学的本质区别体现在教师的行为，要求实现教师和学生权力的重新分配。教师对学生赋予权力、提供机会，让他们充分行使支配学习诸因素和调控学习行为的权力，真正对自己的学习负责。学生的支配权包括支配学习资源、学习时间、学习精力、学习量度等；学生的调控权包括调控学习态度、学习方法和学习途径以及学习目标的权力，而这些权力在传统教学中一直集中在教师的手里。从“教师为中心”转向“学生为中心”是一种实质性的“权力转移”，这包括一种参与的、民主的、合作的，互动的和互补的过程，课堂内外自然形成团队，是当今教育提倡的”以人为本”和“以学生为中心”的意义所在。教师应该跳出传统教学中“灌输式”的教学模式，给学生以自主学习、合作学习、交际学习的机会和空间。英语教师要想适应新的教学模式，必须经历角色的转换，在教学中扮演起新的角色。

首先，成为学生自主学习的引导者。多媒体教学模式下的课堂教学不仅仅局限于课本知识和语言句法的讲解，而是扩展学生的视野，引导学生看英文影片，读英文报纸，听英文广播，了解英语母语国家的历史文化。通过发现问题、探究问题和意义建构来获得知识、培养能力。教师的责任是在教学中创设一定的教学情境，借助多媒体技术手段向学生输入大量可理解信息，促进和帮助学生积极、主动地学习，引导学生掌握学习方法，提高学习效率，教师在教学过程中的作用由“教”变为“导”。由此可以看出，在多媒体教学模式下，教师作为知识的传授者的角色有所削弱，但教师作为教学主导者的角色却实际上得以加强。

其次，成为学生学习的促进者、帮助者。学习就是学生自己去做，教师的职责是帮助、建议和指导，学生是学习的主体。为此，教师要通过创设符合教学内容要求的情景，帮助学生建立新旧知识之间的联系；启发学生对相关的英语表达进行深究，体会英语的表达习惯；鼓励学生养成每日朗读的习惯，鼓励他们开口讲英语，不要怕犯错误；带头与学生到英语角参与交流。积极帮助引导学生克服学习过程中的不利的心理因素，给学生以心理上的支持和精神上的鼓舞，使学生以积极良好的精神状态投入学习，从而促进语言习得。

再次，成为课程的设计者、组织者和参与者。要提高教学效率和效果，教师必须依据语言学习规律对教学过程进行科学的设计。教师要利用多媒体光盘所创造的较为真实的语言情景、协作、会话等学习环境，创造一种能够使学生独立自主、积极主动去学习的氛围。在设计课堂活动时，教师应考虑学生实际语言水平，为学生提供有意义的、有趣的任务，让学生参与各个教学环节，组织学生进行两人对话、小组讨论等形式的活动，鼓励他们相互交流，相互合作，教师从中给予指导、帮助，并主动参与到课堂活动中去。同时在可能的条件下，尽力为学生争取学好英语所需的软硬件设施提供便利。

6.3 大学英语教学模式改革应该注意的问题

6.3.1 教学模式的改革应该注重教师教学思想的变革

传统的教学模式一直颇受人们的指责其根本原因在于始终以教师为中心，忽视了学生学习的主体地位。随着时代的快速发展，传统的教学模式显然不能满足现代教学的需要，但教学模式的改革不是对传统方法的彻底否定，教学模式的确立也不应该是单一的，更不应该只是形式上借助现代化的教学手段。改革现在的教学模式，将传统的教学模式改变为以计算机（网络）、教学软件、课堂综合运用的个性化主动式学习模式上来。体现学习主体个性化、主动化的课堂模式，并不意味着彻底告别教科书、黑板和粉笔。如果计算机等工具使用不当，往往会使课堂失去一种人性化而缺乏生气。基于网络多媒体的教学模式不只是采用多媒体技术而导致教学手段的转变，而更重要的是它引发了教学理念的思考。正确的教学理念决定教师的合理的教学思路和具体操作，而真确的教学理念来自对“课程要求”的准确理解。所以进行大学英语教学改革，首要的关键的步骤应该是教学管理部门认真组织广大英语教师认真学好《课程要求》。

6.3.2 课堂的教学模式的确立应该考虑教学对象，因材施教

由于体育院校的教学资源、学生入学水平以及所面临的社会需求与普通高校不尽相同，体育院校应该参照《课程要求》，根据本校的实际情况，制定科学的、系统的、个性化的大学英语教学大纲，指导本校的大学英语教学。教学模式取决于个性化的教学大纲，只有在大纲的指导下，教师的教学才能有明确的任务和目标。为了很好地完成教学任务，达到大纲所制定的目标，教师就应该清楚教学对象的实际需要，从而来组织课堂和安排材料，形成适合自己本班学生的教学模式。实行基于多媒体的教学是一个总的原则，而具体的教学模式各学校应该不同，甚至同一所体育院校中针对体育生和非体专业不同层次的学生也应该采用不同的模式。面对不同的教学对象，教学模式应该有所区别。基础较好的学生应该有更多的计算机网络学习机会，结合研讨式的方法更容易实现他们的个性化学习。

6.3.3 教师角色的转变应该循序渐进

由于教学管理传统思维的定势和行为习惯的改变并非一朝一夕的事，所以以学生为中心、分层次、个性化、自主式和以人为本的教学理念在教学活动中的真正体

验还有待时日。虽然现代学生知识来源已多元化，教师不再是知识唯一的拥有着和传播者，教师的主要功能不再是传播知识，而更重要的是引导学生探索、发现、筛选，使之创造性地运用知识。许多学生仍然很难脱离教师的课堂直接的知识传播，教师只是指导性地点播、辅助、评价和鼓励是不够的。以学生为中心的教学理念应尽快形成，教师不应该是课堂的主宰，但也决不应该变成一个旁观者。尤其在面授课上，教师作为一个课堂的组织者的这一事实不可改变，学生之间、师生之间的讨论应该基于一定的输入基础上，毕竟相当一部分学生对所学知识来讲需要一定比例的传授，关键是教师对直接传授的知识需求的把握和传授方法的选择，避免流于传统、枯燥的满堂灌。总之，要改变传统的教学模式、实行新的多媒体教学模式，无论是教师还是学生肯定有一个不适应不习惯的过程。教师在新的教学模式中的作用，课堂教学在新模式中的位置，多媒体网络教学的管理等等都需要逐渐摸索试验才能解决的。但不管怎样，推广和建立基于网络的多媒体教学模式是必然的趋势，而且具有非常深刻的意义。这样的教学模式转变不仅仅是采用了多媒体技术而导致的教学手段的转变。满足了高等教育的发展。更重要的是它引发了教学观念的一场革命，它改变了长期以教师为中心、单纯传授语言知识技能的传统教学模式，开始确立了一种以学生为主的积极主动的个性化教学方式。

6.3.4　采用多种教学模式相结合的新型教学体系

自主学习（Learner Autonomy）是指学习者的自我指导学习，这一概念最初广泛应用于教育学以及心理学的领域。在20世纪70年代由Henri Holec将其引入外语学习领域，Holec将自主学习定义为“学习者在学习过程中能够对自己的学习负责”。所谓“对自己的学习负责”是指学习者在自主学习过程中对自己的能力有信心、能够自己拟订学习计划、明确学习目标、规划学习进程和实行自我评价。体育院校的学生情商高，接受能力强，但是恰恰欠缺这种为自己的学习负责的能力。受中国传统教育模式的影响，从小到大，中国的学生都习惯了上课认真听讲、努力记住老师所讲授的每一个语言点的学习方法，一旦让他们自主，大多数学生还无所适从。

大学英语自主学习模式是指在教师指导下的学生个性化学习模式。这样的模式所包含的要素有：英语教材、学习进度、学习效果评估。大学阶段的学生因为不同的原因（地域、自身学习情况等），英语水平参差不齐，采用同一种授课模式远远不能适应学生的需求。教师教学要因材施教，因此，除了有统一的教材外，学生可以根据自己的实际学习情况，在老师的指导下选择适合自己的参考教材或资料来进行补充学习。此外，学生应该自己制订学习计划，自己掌握学习进程。这就是体院的老师们经常讲的“吃不饱和吃不下”的问题。比如，在听力课的教学中，在同一个教学班中，学生英语基础相差很大，老师统一布置学习任务的话，同一个听力内容，好的学生可能认为太过简单而不屑完成；而程度差的学生连听懂都成问题。长此以往，程度好和差的学生都失去了学习的兴趣。所以，学生完全可以从选择适合自己程度的听力材料开始逐级训练。听力程度差的学生可以选取语速慢的趣味小故事开始练习；听力较好的学生就完全可以选择英语新闻，这样既可以练习听力又可以了解时事。学生还要定期评估自己的阶段学习情况，以适时调整学习进度和方法来取得满意的学习效果。

现代大学英语教学模式改革主要以建构主义理论为指导。这一理论的核心就是强调知识的获取应该以学习者主动探求知识为中心，而不是以传授知识的教师为中心。在这一理论指导下的大学英语自主学习模式在各个高校广受欢迎。教育学家们也认为，学生学会自主学习将会使他们一生受益。实行大学英语自主学习的模式，学校要提供相应的硬、软件的支持。值得欣喜的是，近十年来，各体育院校也开始逐步重视学生的自主学习能力的培养，从而进行了各项硬件和软件的投入。目前大多数体育院校都建立了英语自主学习中心并逐步加以改进。自主学习中心是指网络学习中心或者称为数字化语言实验室。它既为学习者提供了各项听力资料、视频资料、多项英语教材进行自主选择来自学，又为学习者提供了听、说、读、写、译训练的网络平台；学习者可以通过人机对话等形式来训练自己的听力和口语。在听力的自主学习中，学习者选定一套听力内容，完成一个级次的听力内容后，系统会出题进行测试，通过测试后学生才能进入下一级次的学习。这一系统能随时记录、监控、检测学生的实时学习以及教师的教学辅导情况。除了常规教材之外，学生可以更加自主地选择适合自己英语材料来逐级学习。此外，大部分体育院校都将自主学习系统和本校的校园网链接，学生在寝室里使用自己的电脑就完全可以进行个性化的英语自主学习，不用受自主中心有限的座位的限制。所以，高校的各项硬件和软件设施为大学英语自主学习模式的实施提供了保障。

虽然现行的大学英语教学模式存在诸多不足，并引发了相关的问题。但是，我们也应该客观地看到，这种模式也有它的一些优势。在一门课程的基础学习阶段，讲授课的模式能够最大限度地传授给学生知识点；学生能在有限的课堂教学时间里获取最大的信息量；课堂教学能够在教师的掌控下有条不紊地进行，教学秩序良好，学生的英语阅读和写作能力在这样的课堂教学模式下可以得到良好的训练和提高。引入多媒体教学后，精彩的听力、视频内容能够丰富课堂教学的形式。在很多方面，学生对来自画面的直观感受比老师费力讲解多时效果要好得多。例如：在采用《新视野大学英语》（第三册）进行教学，学习《美国文化的五大象征》这一课的时候，其中有一大象征是美国哥特式建筑这一幅油画，如果单凭老师讲解和课文文字叙述，学生很难理解到为什么一幅油画可以成为一个国家的文化象征。但是，如果屏幕上展现了这一幅油画，老师再逐一对油画中出现的各项内容（画中一男一女的表情、周围的环境以及身体姿势等）进行讲解，学生就会恍然大悟了。

鉴于体育院校现行的多媒体英语教学模式和传统的英语教学模式存在的优势以及不足之处，对其进行改革或者进行补充将是切实可行的合理利用现有资源的办法。在实际教学工作中，针对每一种英语课型，不能单纯地采用一种教学模式。比如在一些学校，英语读写课只采用多媒体模式下的教师讲授式；而听力课则完全让学生自主。这样的课堂秩序要么是死气沉沉，要么就是杂乱无序。其解决措施就是：将多媒体授课与学生的自主学习有机地结合起来，从而兼顾到不同层次学生的实际情况，使大学英语教学朝着更高效、实用的方向发展。

根据《大学英语课程教学要求》，“对学生学习的评估分为形成性评估和终结性评估两种”。形成性评估就是指对学生在教学进行过程中的学习情况的评估。根据这一评估体系，将自主学习和多媒体教学模式相结合就有了理论依据。在多媒体课堂教学的有限时间之内，学生的信息获取量有限，练习机会不足，因此大量的学生英语习得的过程应该在课外。学生通过在课外的自主学习中查找与课堂教学主题相关的资料，可以弥补课堂学习的不足；在课堂上，教师授课时因为学生的有备而来，教师也可以把原本用来讲解词汇、语言点的时间用来增加与学生的互动，交流彼此掌握的信息，从而也能增加学生口语交际的机会。还是以《美国文化的五大象征》为例：课前，老师可以先布置学生在自主学习阶段查找中国文化的象征以及成为象征的原因；这样上课时每位学生都对这一主题有所了解，都准备了大量相关资料可以交流，使他们在课堂上由“无话可说”、“不知怎么说”转变为“想说”，从而激发他们参与课堂讨论的兴趣；课后，可以布置他们在自主学习阶段在网络上去查找更多的各国文化象征，可以让学生们了解到各个英语国家的文化，既能帮助他们拓展知识面、扩充阅读量，又能提高他们英语学习的兴趣。在听说课的课堂学习前，先布置学生自主预听一些材料，课堂教学时对学生的完成情况进行检测，并针对学生听过的内容引出讨论话题。

6.3.5 新的教学模式下需要解决的问题

传统教学模式存在诸多弊端，随着新世纪的到来和各种条件的变化，传统教学模式已难以满足社会和学生的新要求。基于计算机和课堂的英语教学模式具有明显的优势。在改革大学英语教学模式中，应当正确处理新型教学模式与传统教学模式的关系，正确处理学生自主学习与教师主导的关系，正确处理教学手段与教学理念的关系。

在新的学生自主学习和多媒体教学相结合的教学模式下，对学生的自主学习的度以及学生过程学习的管理应该成为教学管理中注意的重点。来自很多高校自主学习中心的调查报告显示：很多中心缺乏合理的监控和管理，使得自主学习中心不能发挥应有的作用。有些中心因为设施的完善可以连接外部网络，几乎变成了一些学生打游戏的娱乐中心，想去那里学习英语的学生反倒没有了机会。有些学校的学生自主学习成为了学生的完全“自由”，学什么、怎样学，学生一片茫然，其结果是学生什么也没学到。所以，学校应该对学生的自主学习进行形成性评估，对学生的阶段性学习情况进行检测，并反馈给学生本人；自主学习的情况要纳入学期结束的课程考核之中。目前有的体育院校的周授课计划为2+2+X，“2”是指精读课（读写课），“2”是指听说课，“X”就是指的自主学习，有的院校是简单的4+X，“4”是指课堂教学，在学时内由任课老师制定听说读写的教学计划，“X”也的自主学习，在教师指导下，由学生自行制订学习计划。

大学英语教学改革的核心就是教师的地位转变。在传统课堂中，教师是课堂教学的主体，课堂教学以教师为中心。正如某些专家们所说，如果教师停止讲话，也就停止了教学。对教师来说很难让学习者去自己解决问题，因为那很费时间。所以对于大多数教师而言，他们为了完成自己的教学任务，将课堂的主动权牢牢地掌握在自己手中，学生很难有发言、交流的机会。在新的教学模式中，教师应该实现角色的转换，应该变主体地位为主导作用。教师要成为学生学习的指导者、促进者、管理者：在教学中要对学生的学习方法、学习策略，尤其是自主学习策略进行指导，在课堂外安排时间辅导学生，既可以是面对面的辅导，也可以是借助网络教学平台的答疑；还要利用各项资源激发学生的学习兴趣，在同一堂课中，教师应该合理设计规划教学环节，比如听力、口语和阅读交叉进行就比单纯采用一种课型要好得多；同时要对学生的学习情况进行管理。也就是要做到：首先，建立合理的考核制度，在学期开始时告知学生考核标准，例如听力、口语本期应该达到哪一级次标准，哪些拓展阅读应该完成，应该查阅哪些背景知识材料，课堂参与的频率以及效率如何衡定等；其次，定期监控学生的学习情况并将信息反馈给学生，该项措施有助学生即时调整学习进程；最后，对学生的学习进行评估。除了教师对学生的评估之外，还要推行学生之间的互相评估。在多媒体授课中，很多学生活动是以小组为单位进行，所以同一小组内部的学生相互评估比较客观，学生可以对同一个小组其他同学的课堂表现（如专心听课的程度、参与讨论的频率、课堂发言次数等）进行评价，学生可能不在意教师对他们的评价，但同龄人之间的相互评价往往对他们影响最大。与此同时，教师也应该鼓励学生对自己的授课风格、组织教学的能力、课堂环节设计、难重点讲解的清晰度等进行评估。只有这样，教师和学生之间才能做到“教学相长”。在多媒体教学授课中，教师应该加强自身专业素养的学习与不断提高。随着学生和社会对教师的要求越来越高，教师除了应该具备丰富的专业文化知识外，也要拓展自己的知识面，还要熟练掌握多媒体技术，充分利用各类教学资源，提高课件制作水平，使自己的课堂变得越来越有吸引力的同时也能让学生学到更多的知识。

上面所说的教学资源指的是教材、多媒体课件、教学光盘、听力磁带以及网络教学系统等。教学资源的好坏直接影响到大学英语教学的效果。在外语教育界以及各出版社的大力支持下，现在的本科大学英语课程目前有多套教材可以选用。如：《新视野大学英语》(第二版)、《全新大学英语》、《体验英语》、《新编大学英语》等的英语精读、听力、阅读等全套课程的教材，各体育院校应根据学生英语程度的不同或者专业侧重点不同而选取相应的教材作为统一教材。除了这些教材之外，各个高校还应该在自主学习中心增加一些英语趣味读物，还有电子教材等。多媒体课件的质量直接影响到教学效果，组织教师以及软件开发人员制作图文声并茂的课件成为当务之急。在自主学习中心充实各项英语教学声像资源：如增加并实时更新英语新闻、提供英语原版的经典影片等。此外，在自主学习中心装配先进的教学学习软件系统也非常重要。改进现有的学习系统语音辨识度不高的问题，比如学生在练习口语时，系统识别度低，准确的发音不能通过系统的测试，学生就不能进入下一级的口语练习。所以，充足的教学资源应该为学生的英语学习和教师的教学提供有力的支持。

综上所述，随着大学英语教学模式改革在全国各体育院校中如火如荼地开展，改变单一的课堂教师讲授式的教学模式成为了必然。单一的课堂教学模式培养出来的人才远远不能满足社会的需求，也不能满足各个英语水平层次学生的学习需求。探索适合学生水平以及社会对人才需求的教学模式以及更好的教学效果成为了大学英语教学改革的目标。综合了学生自主学习和多媒体教学模式的教学体系因为其既能发挥学生学习的主观能动性又能让学生在有限的课堂学习时间内高效地学到知识，成为了目前相对合理的教学模式。这一模式既能满足学生个性化学习的需要，又能培养他们能受益终生的自主学习能力，也能在各种课堂中训练学生的英语综合应用能力。但是对于体育院校的广大英语教师而言，大学英语教学改革仍然是“任重而道远”。

6.4 改革大学英语教学模式的必要性

我国大学英语的教学模式长期以来一直是以“教师为中心”的模式，我国体育院校的大学英语改革要落后于其他综合型大学，时至今日大部分体育院校都还保持着“教师为中心”的传统模式。毋庸讳言，这种传统的教学模式与高素质的教师相结合在特定的历史时期发挥了很好的作用，培养了大批的外语人才。但是，随着社会的发展和教学手段的不断更新，传统教学模式的弊端也暴露得越来越多。首先，传统教学模式过分强调教师在教学过程中的主导作用而忽视学生的主体地位。课堂上师生间缺少互动，学生很少有发言的机会，导致学生在学习过程中机械、被动、消极地进行学习，使学生的主观能动性、自主性和创造性受到压抑。其次，传统教学模式过分强调书本的权威性。这种模式下的课堂教学缺乏足够的分类指导，统一的教学内容、标准化的答案无法满足学生个性差异的要求。再次，传统教学模式偏重语言知识的传授，把培养学生较强的阅读能力作为主要目的，忽视听说能力的培养，使学生运用语言的能力受到限制，从而出现了人们常说的“聋子英语”、“哑巴英语”现象。最后，传统教学模式的教学手段单调。一本教材、一支笔、一张嘴的教学手段，使不少教师将大量的宝贵课堂时间消耗在板书上，教师劳心费力，却难以激发学生的学习兴趣。

随着21世纪的到来以及社会、学校、学生等各种条件的变化，传统教学模式受到了极大的挑战。首先是社会需求的变化。20多年前改革开放的初始阶段，由于当时我国对外交流非常有限，大多数人学了外语无用武之地，外语用于听说的机会更少。而近些年来我国与世界的交往日益频繁，外语人才的需求量越来越多，而且对听说能力的要求越来越高，这就促使学生不满足单纯的语言知识输入模式，要求有更多实践的机会。其次是从1998年开始的高校扩招造成班级人数的迅速增加。目前，大学英语教师面临的是六七十人，甚至上百人的课堂。在这样的大班里教师很难控制学生的水平差异，相对较差的学生由于跟不上教学进度而索性缺课，相对水平较高的学生则觉得教学节奏太慢而在上课时做自己的事。班级人数越多，教师越无法组织有效的教学活动，也很难进行师生以及学生之间的交流。再次是学生英语水平的变化。随着社会对英语的重视，越来越多的城市从小学三年级就开设英语课，一些大城市甚至把小学英语课提前到一年级开设，而一些农村和边远地区由于师资等条件的匮乏在小学阶段则难以开设英语课。因此，大学新生英语水平参差不齐的情况日益严重。最后是知识渠道的变化。以前，大学生学习英语的地点是教室，主要靠课本和教师的讲授学习英语。而今天学生可以在多媒体教室或在家借助光盘学习，尤其是互联网可以提供一个巨大的教学资源库，这样，学生对教师的依赖程度就大大降低了。

6.5 新型英语教学模式及其优势

（1）新型教学模式确立了学生在教学过程中的主体地位。由于互联网能够跨越时空的限制，并且具有海量的有利于学生主动发现和探索的学习资源，所以，教师可以充分利用多媒体和网络技术，将原来讲授的内容设计为一个个学习任务，由学生自主决定学习的时间、地点和方法，主动地去进行人机交互式的学习。因此，新型教学模式有利于调动学生学习的积极主动性，有利于培养学生的自主学习能力。

（2）新型教学模式有利于学生个性化学习方法的形成。由于网络环境的多样性、互动性为贯彻分类指导、因材施教的原则提供了广阔的空间，所以教师可以利用网络环境所提供的交互式学习系统，对学生进行一对一的教学和有针对性的个别辅导。在自主学习中心或利用局域网，学生可以根据自身的条件、学习风格、学习习惯等确立自己的学习目标、学习内容、学习方法、学习进程等，因而有利于达到个性化的学习效果。

(3) 新型教学模式把“培养学生的英语综合应用能力，特别是听说能力”作为大学英语课的教学目标。新模式下的网络教程和大学英语学习系统中都综合了听说读写译等多种技能，尤其是提高了听说技能训练的比重，而利用计算机又可以反复单独地进行听说训练，因而新模式有利于提高学生的英语听说能力以及综合应用英语的能力。

(4) 新型教学模式以现代信息技术、特别是网络技术为支撑，全面采用计算机、多媒体教学软件和校园网等先进教学手段，从根本上改变了课堂上普遍采用的课本+粉笔+黑板、教师讲学生听的传统模式。新的模式通过多媒体教学软件授课，可以保证发音纯正，可以创设图文声像并茂的、对人的多种感官产生综合刺激的情景，可以用生动形象的方式将历史事件、人物、地点呈现给学生，使教学变得形象化、立体化和生动化，因而有利于激发学生的学习兴趣。

6.6 “2+2+X”教学模式的探索

6.6.1 “2+2+X”教学模式的内涵

大学英语教学改革中，各校可根据自己的具体情况采用不同的教学模式，但其核心内容是充分利用现代教育技术与计算机技术，实行多媒体教学，把阅读教学和听说教学相结合，把课堂教学与网络自主学习相结合。目前，在大学英语教学改革过程中出现了一种新的模式：“2+2+X”的模式。其中第一个“2”为每周2节大班课，主要讲授综合教程的内容，培养学生读、写、译的能力；第二个“2”为每周2节小班课，主要讲授听说教程的内容，培养学生视、听、说的能力；“X”则为学生课外在自主学习中心或校园网上进行自主学习，每周4小时左右。

教学实践表明，“2+2+X”模式有助于提高学生的英语综合应用能力，特别是听说能力；有助于实施分级教学，因材施教；有助于开展个性化学习和自主学习。当然该模式也存在一些问题。由于大学英语教学改革刚刚起步，这方面的很多研究还处在探索阶段。部分教师受传统教学模式影响，仍然无法完全按照大学英语教学改革的思路和要求正确地、有效地进行课堂教学。有些教师对于“2+2+X”模式中的大班课和小班课的教学内容还不能完全理解，仍然按照传统的教授精读与听力的模式进行教学，因而使改革难以收到预期的效果。结果是部分学生不仅听说能力没有提高，相反，他们的阅读能力、写作能力反而呈下降趋势。另外，少数教师和学生甚至对大学英语新的教学模式持怀疑和否定态度。

有鉴于此，我们有必要对这一教学模式也进行了回顾和总结，希望能发现其中存在的问题，并对其进行进一步的改进与完善，以更好地促进大学英语教学改革的顺利进行。

6.6.2 “2+2+X” 教学模式中存在的问题

（1）大、小班安排上存在的困难。由于大多数体育院校的下属院系和专业众多，各专业的招生情况不尽相同。热门专业招生规模较大，冷门专业招生困难，往往完成不了招生计划，从而使大、小班安排上产生了一定的困难。如在大班课的规模上，有的专业多达150人左右，有的专业则不足70人。小班课的人数也存在很大的差异，有的班级接近甚至超过50人，而有的班级由于招生计划调整后则不足30人。

（2）大、小班在教学中存在的问题。由于体育院校各专业冷热不均，招生要求也不尽相同，因此有的专业生源基础较好（如经济管理、新闻传播、运动心理学等），有的专业学生水平较低（如民族传统、运动训练和艺术训练等）。对不同基础、不同需求的同学采用相同的教学模式、相同的教学要求，必然会造成部分学生，尤其是许多基础较差的学生一时无法适应新的教学模式，加之课后又缺乏学习的主动性和自主学习的能力，从而渐渐失去了对英语学习的兴趣，导致英语水平没有明显提高，甚至略有下降。而由于大班课通常人数较多，因此教师在课堂上无法有效地进行互动教学，课堂教学往往是满堂灌，学生听与不听、学与不学、认真与不认真，教师不能进行有效的监控。大班课由于课时紧张，教师又总是希望把更多的内容传递给学生，因此课堂的节奏较快，学生只能忙于记笔记，无法及时消化、理解所学内容，更谈不上参与讨论，导致大班课效果不理想。相反小班课由于人数相对较少，教师易于掌控，大部分学生对视听说的内容感兴趣，他们也愿意积极参与课堂活动，使小班课生动活泼，交互性强。但也有部分学生水平较差，往往不愿也难以参与课堂讨论，更不愿主动进行交流，因此小班课也不能真正提高他们的英语应用能力。

（3）硬件设备存在的问题。自主学习中心是影响“2+2+X”教学模式的另一因素。体育院校中的非体育专业的学生课务繁重，而体育专业的学生又有繁重的训练任务，往往抽不出太多的时间到自主学习中心学习。而一旦有时间了，机房座位又紧张，再加上有部分计算机维护不好，设备陈旧，速度较慢，容易出现故障，不免影响了学生的学习兴趣。另外有的学生缺乏相应的计算机和网络知识，不能灵活操作计算机进行有效学习，遇到问题也无法得到及时解决，从而导致部分学生对自主学习失去了兴趣。

6.6.3 “2+2+X” 教学模式的改进与完善

（1）调整班级规模。鉴于大班课人数过多的问题应适当调整班级规模。实践证明大班人数为80～100人为宜，这既保证了一定的规模，又便于实施课堂教学。教师上课时应注意适当提问，加强互动。小班按自然班上课，人数控制在30～45人，一方面学生之间比较熟悉，有利于活跃课堂气氛，师生之间、同学之间容易互动，另一方面也便于排课，强化班级管理。

（2）充实网络自主学习内容。网络自主学习内容由发行教材的出版社提供，因此要加强与出版社的联系，对网络自主学习内容进行充实和升级。除了综合教程、听说教程内容外，还要提供大量的阅读材料、视听说材料供学生选择。这样学生既可以在网上预习、复习教材内容，又可以根据各自的具体情况，或各自的需要选择其他学习内容。教师则应随时检查学生网上学习的情况，了解学生是否完成了规定的学时。

（3）加强集体备课，实施个性化修改。以教研室为单位，利用寒暑假进行集体备课。对每个单元综合教程和听说教程的教学内容、教学进度，课时安排，课外作业等做出具体规定。综合教程的教学内容应包括背景知识、课文讲解、文章结构、课文分析、课文复习、句型与词汇练习等，听说教程的教学内容应包括口语训练、话题讨论、问与答、听力练习、听写等。对集体备课的（电子）教案，组织老师定期交流，讨论。然后，由任课教师根据不同班级，不同学生，各自进行个性化修改，力求做到因人施教，因材施教。

（4）课堂教学与网络自主学习结合。综合教程和听说教程的内容丰富，而每周只有两节大班课，两节小班课，因此课堂教学不可能覆盖所有的教学内容。教师要对教学内容进行适当选择，在课堂上精讲精练，讲通讲透。同时把其他的一些重要内容作为网络自主学习的内容，让学生课后去完成。这样学生既能在课堂上学到教师传授的知识，又能在网络学习中培养自主学习的能力。网络自主学习中既有规定的学习内容，又有大量学生感兴趣的其他内容，可以有效调节学习内容，调动学生的学习兴趣。

（5）大班课与小班课结合。大班课与小班课结合是指教学内容的结合和综合能力培养的结合。要合理安排大小班课堂教学内容，注意内容的互补与衔接。大班课上除了注重读、写、译的技能培养外，还应以个别提问、集体朗读的形式尽可能进行师生互动。对综合教程的课文内容增加了听的练习，课文的中心思想用口语表达，以提高说的能力。小班课除了训练听说能力外，还增加了听写，以提高从声音到文字、从文字到篇章的综合能力的训练。

（6）完善评估体系。教育部颁发的《大学英语课程教学要求(试行)》中指出：教学评估是大学英语课程教学的一个重要环节。全面、客观、科学、准确的评估体系对于实现课程目标至关重要。原来靠期末考试一份试卷、一个分数来评估学生英语成绩的做法再也不能适应大学英语教学改革的需要。新的评估体系必须涵盖课内、课外、网络学习等内容，即对大班课、小班课的学习内容，平时学习的表现和网络自主学习的时间、内容作全面的评估。根据《大学英语课程教学要求(试行)》的精神，结合教改的具体情况，现在学生的英语成绩应由几部分组成：书面考试(期末考试、期中考试)、口语考试(机考或面试)和平时成绩。书面考试（期末考试、期中考试）可以是一种水平考试或课程考试，考查学生通过一学期的大学英语课程学习，对书本知识、教学内容的掌握情况和英语水平是否达到一定的要求。口语考试（机考或面试）主要是通过朗读课文、回答问题、主题讨论和角色扮演等手段来考查学生的语音语调、参与讨论、相互交流和口语表达的能力。平时成绩则是教师根据学生课内、课外的学习态度，作业完成的情况和网络学习的时间与质量等诸多方面的表现对学生作出的评估。

总之，班级人数的调整便于实施课堂教学，有利于活跃课堂气氛。充实网络自主学习内容使学生课外学习有了更多的选择，并能根据自身的具体情况进行自主学习。集体备课，个性化修改教案不仅使得课堂教学风格个性化、多样化，而且对教学有一个统一的要求，以确保课堂教学质量。课堂教学与网络自主学习的结合使得学生既能在课堂上学到大量的知识，又能在网络学习中培养自主学习的能力。大班课与小班课教学内容的结合既协调了教学内容又能保证听、说、读、写、译各种技能的全面训练，有利于综合能力的培养。完善评估体系，可以促使学生既重视课内学习，又重视课外学习；既重视各种技能的培养，又重视综合能力的提高；既注重知识的积累和掌握，又注重自主学习能力的培养。

我们有理由相信，在教育部大学英语改革精神的指导下，在院校一系列措施的保障下，在大学英语教师的共同努力下，我们一定能完成大学英语教学改革这一光荣而艰巨的任务，培养出更多更好的适应我国社会发展和国际交流需要的新型体育人才。

6.7　大学英语改革中存在的各种关系

6.7.1　正确处理新型教学模式与传统教学模式的关系

《课程要求》指出，新型教学模式“在充分利用现代信息技术的同时，要合理继承传统教学模式中的优秀部分”。传统教学模式尽管存在种种弊端，但也有许多值得继承的优秀部分。例如，传统教学模式能通过教师循循善诱的教学风格对知识进行集中、生动的阐述，能针对每一学生的特点进行特别启发，能根据学生的反映及时调整教学方法。在传统课堂里教师学生同时空的直面人际交往、人文关怀、情感表露以及人格魅力的相互感召，都是网络化学习所不及的。有研究表明，许多学生仍然喜欢传统的教学模式。在多种教学模式的实验中，选修常规教学模式（即传统教学模式）的学生最多，说明传统教学模式仍然具有很强的生命力。另一方面，新型教学模式尽管有着明显的优势，但也存在一些缺陷。例如，师生缺乏交流，缺少语言学习所需要的活跃气氛，教师对学生的学习进度和情况的了解滞后等。可见，利用现代教育技术改进现有的教学模式不能对传统教学模式彻底摒弃，而应当各取所长。如何在传统教学模式的基础上建立新型教学模式，是应当认真研究的问题。

6.7.2 正确处理学生自主学习与教师主导的关系

《课程要求》提出“教学模式改革的目的之一是促进学生个性化学习方法的形成和学生自主学习能力的发展”。强调学生的自主学习，是新型教学模式的突出特点。需要注意的是，自主学习能力的培养不可能自发形成，强调自主学习并非意味着对学生放任自流。这是因为，即使在英语本土国家的学习环境中，完全的语言学习自主也只是“一种理想化而非现实的情形”。体育院校的学生本来就精力充沛，自控能力略显不足，如果没有常规有序的监督，很大一部分学生会“找不到方向”、“不知自己该做什么”。因此，自主学习模式不是弱化教师的主导作用，而是对教师提出了更多、更高的要求。新型教学模式离不开教师的综合计划、方向引导、监督评估、及时补救等教学措施，同时，新型教学模式要求教师投入更多的时间和精力去学习新知识，研究现代教育手段的应用和做“幕后”的准备工作。在新型教学模式实验中我们发现，在两个水平相同的班级按照相同的模式进行改革，却因任课教师的不同而教学效果出现了较大的差异。由此可见，新型教学模式的成功与否，教师在很大程度上起主导作用。如何在教师主导和学生自主之间寻找平衡点，是教学模式改革中值得深入探究的问题。

6.7.3 正确对待教学手段与教学理念的关系

《课程要求》指出：“教学模式的改变不仅是教学方法和教学手段的变化，而且是教学理念的转变，是实现从以教师为中心、单纯传授语言知识和技能的教学思想和实践，向以学生为中心、既传授语言知识和技能，更注重培养语言实际应用能力和自主学习能力的教学思想和实践转变。”新型教学模式离不开计算机、多媒体、网络技术等先进的教学手段，但是，使用先进的教学手段仅是实施新型教学模式必不可少的条件，而不是目的。这次教学改革的目的是改进原来的以教师为中心的单一课堂教学模式，使英语教学转向个性化学习、自主式学习，以培养学生英语综合应用能力为目标的方向上来。先进的教学手段可以为学生创造良好的、真实的语言环境，为实现这一目标提供基本的物质保障。但是，使用先进的教学手段需要教师。如果教师不转变传统的教学理念，仍然以自己为中心，不能调动学生的学习积极性，即使使用了先进的教学手段，形式上是“新模式”，但也无法实现培养学生英语综合应用能力和自主学习能力的目标。可见，大学英语教学改革能否成功，关键是看教师的教学理念是否能够转变。如何在加快教学手段转变的同时，加快广大英语教育工作者的教学理念转变，是一个应该认真对待的问题。

6.8 大学英语四、六级考试改革的内容及其对大学英语教学的影响

本节接下来以大学英语四、六级考试改革为切入点，阐述了大学英语四、六级考试改革的内容及其对大学英语教学的影响，分析了目前大学英语教学的现状，探讨了提高大学英语教学的新途径。

最近，从教育部有关部门近期发表的有关公共英语教学的文件和文章看，其重点再次放在四、六级考试改革上。近几次四六级大学英语改革的重点都放在目标和指导思想上，更加准确地测试我国在校大学生的英语综合能力，以提高大学生英语综合应用能力。毫无疑问，这对我国大学英语教学产生积极的推动作用，使教师在教学重点和教学形式上产生根本性的转变。传统的英语教学模式已经不能满足现行大学英语教学要求，大学英语教学模式的更新势在必行。

6.8.1 大学英语四、六级考试改革的内容

在教育部高教司的主持和领导下，大学英语四、六级考试改革小组和考试委员会经过反复研讨和论证，自 2006 年 1 月份开始，在参加大学英语教学改革试点学生中试行改革后的四级考试，自 2006 年 6 月份开始以同等方式试行新的六级考试。于 2007 年 1 月全面实施改革后的四级考试，2007 年 6 月全面实施改革后的六级考试。考委会按照《教学要求》指定新的四、六级考试大纲和样题，并及时向教师和学生公布。从 2012 年下半年考试委员会又逐步取消了四、六级考试的 AB 卷，取而代之的是“多题多卷”的办法，进一步提高了四、六级考试的公平性。2016 年初四、六级考试委员会发布消息，2016 年 6 月的四、六级考试将取消对话和短文听写，取而代之的是新闻听力和学术讲座，对听力的要求再次增加，进一步向托福、雅思等国际权威考试接近。

任何一项大规模标准化考试的发展都是一个不断改进和完善的过程。四、六级考试近 20 年的发展历程也证明了这一点。国家改革开放对我国大学生的英语交际能力不断提出更高的要求。因此，四、六级考试中长期改革任务仍十分艰巨。考试委员会不断研发适合四、六级考试的新题型，研究改革后的四、六级考试对教学的后效；同时，充分利用高科技手段，完善考务管理系统，实现四、六级考试网上阅卷，研究计算机化的四、六级考试，并从 2010 年开始在部分高校试点四、六级机考，并逐步扩大机考范围。

6.8.2 四、六级考试对大学英语教与学的影响

四、六级考试对教与学的影响可能是负面的，也可能是积极的。尽管现在绝大部分体育院校对于四六级考试没有强制性要求，但不可否认的是大学英语四级考试对推动《大学英语课程教学要求》在体育院校的贯彻执行和提高体育院校大学英语教学的质量起了很大的冲击。

1. 四、六级考试鼓励了应试教学

四级考试大纲对考查内容的规定以及各高校主管部门所承受的排名压力，客观上强化了大学英语教学中的应试教学，应试教育会严重干扰正常的教学。

2. 四、六级考试耽误了大学生口头表达能力的发展

社会和英语教育界比较关心、讨论最激烈的是大学生的口头和书面表达能力。尽管大学英语也有口语考试，但必须在参加四级考试并达到相应的分数后才能报名参加，因此大学英语四、六级考试耽误了大学生口头表达能力的发展语教学在四级考试的误导下，多年来轻视口语教学，导致严重的“哑巴英语”现象。

3. 四、六级考试对发展写作能力的误导

从某种程度上讲，我国大学生的英语水平整体上有所提高，特别是在词汇量、语法知识等方面，然而，在写作方面却没有明显的进步。多年来变化很小的命题形式往往诱使学生押题、背记所谓的范文，甚至教师也帮助学生猜测出题范围，给学生写出一些死板的格式供学生在写作中套用，使学生的写作思路和写作能力都受到了束缚，阻碍了学生英语写作能力的提高。所以，如何充分利用考试这根指挥棒，使大学英语四级考试的正面效应得到充分发挥而尽量克服它的消极影响，应该是四级考试改革的方向。

6.8.3 应对四、六级考试改革的教学策略

根据考试要求与考试改革前后考题的改变，笔者认为大学英语教学应采取以下几个方面的策略。

1. 改变教学指导思想

从教育学的观点出发，外语教学的对象是人，而人的心理状态是具体的、变化的。因此，不存在全体对象和不同时期的对象都适用的最优方法，这就是所谓的“教学有法，教无定法，贵在得法”。适合特定教师的行之有效的教学方法，能最大限度地发挥其语言特长，调动学生的积极性和主动性，营造轻松的学习氛围，为学生创造丰富的实践机会，使他们用较少的时间获取较大的利益。所以，教师本身都应该不断学习教育学、心理学和语言学的理论，在实践的基础上探索出适合所教内容和所教学生的方法。

2. 运用多样化的教学模式

英语的学习归根结底是学生自身的学习。课堂教学不仅仅要扩大学生的语言知识，加强和提高学生的语言应用能力，还要帮助学生养成良好的学习习惯，培养自学能力。但是，由于大学英语教学任务比较繁重，考试也以笔试为主，再加上大学英语四、六级考试制度衍生出的应试教学的影响，形成了教师上课讲知识、讲语法多，学生课下主要背单词的局面。这种教学使学尘缺乏自主性、自觉性和灵活性，造成他们过分依赖课堂教学，被动学习，从而养成学习的惰性。要改变原先大学英语单一、刻板的教学模式，笔者认为应该采取以下几种方法：

其一，学生自主学习和教师辅导并重。传统的教学模式是老师把每篇课文的重点和难点传授给学生，学生在这种教学模式下消极被动地进行学习，他们一般没有自己选择的机会，通常依赖老师从事学习活动。大学英语教学改革的一项重要内容应该是教学模式的改革，实现以教师为中心转移到以学生为中心，充分发挥教师与学生双方的积极性，注重教与学的互动。

其二，多媒体技术与课堂面授并重。多媒体和网络为代表的现代信息技术为学生自主学习提供了广阔的空间，成为大学英语教学的组成部分和有机延伸，因此，新的教学模式应以现代技术，特别是网络技术为支撑，使英语教学不受时间和地点的限制，朝着个性化、自主式学习方向发展。

3. 加强大学英语教师队伍建设

自主学习理论充分肯定了学习者在学习中的主体地位，尤其重视学生独立自主、积极主动地学习，但是这并不意味着教师就没有了用场，相反这对英语教师提出了更高的要求。笔者认为，在以学生为中心的新型大学英语教学模式中，一名合格的大学英语教师应该具备以下素质：有扎实而广博的英语语言文化知识、过硬的英语语言技能；具有高超的教学艺术，懂教育理论，了解学生的心理以及语言习得的基本规律；了解中西文化，能将文化内涵渗透到英语教学中去；掌握现代教育技术，能熟练使用计算机等辅助教学设备和手段；不断更新教学理念，随时了解语言教学理论的发展。当然，出众的组织管理才能也是必不可少的。大学英语教师要达到这样的标准，还需要一定形式和规模的培训，使他们在语言学、教育学、外语学习理论、测试理论等方面都具有深刻的理解和造诣，并能够使他们在科研习惯、科研手段和科研方法方面存在的欠缺得到改进。教学过程是由教师、学生、内容和教学媒体要素组成，其中教师是起主导作用的因素，它决定着教学质量的优劣和教学的成败。培养面向21世纪的人才，关键在于教师，在保证数量的基础上，提高教师的个体质量、整体素质是十分重要的。

4. 构建听说教学环境，加强学生听说能力的训练与培养

新的四、六级考试增加了听力部分的权重，且丰富了考试形式。因此，听说教学应该放在首位。有人曾经说过，教好外语的首要条件是经常让学生接触外语和使用外语，而传统的英语课堂长期由教师占主导地位，听说教学也长期处于单一的教学目的、单一的教学方式的状态。因此，要提高学生的英语听说能力，探索新的教学途径势在必行。

首先，丰富课堂形式，改进教学方法。传统听力课，课堂气氛沉闷，学生感到压抑，教师也感到无趣。听力课应该以学生为中心，以教师为主导。教师可以采用积极提问的方式，让学生加入到课堂活动中来，活跃课堂气氛。针对他们感兴趣的话题，可以设计小组讨论、角色表演、图片描述、辩论等课堂形式。通过这些丰富多彩的课堂组织形式，让学生体验到背单词和语法不是学习英语的唯一手段。

其次，丰富教学内容，改进教学手段。听力材料要选择现实生活中真实的语境语言，增加一些贴近学生生活的听力和影视材料，如《走遍美国》、《CCTV 杯英语演讲比赛》、《Discovery》、英文歌曲、电影对白等，让学生接触日常生活中的真实语言，能够自觉地结合日常知识，以平和的心态去接受理解内容，也可以激发学生的学习兴趣。在听力教学中运用多媒体计算机和网络技术能使听说教学更加生动、直观、形象，从而培养学生朝着个性化学习和自主学习方向发展。

6.9 结语：政策指导下的体育院校大学英语教学改革的建议

通过中外外语教学政策和教学模式的述评，我们可以清楚地看到，体育院校的大学英语教学模式改革近几年在教学环境和条件等方面大有改善，课堂教学与学生课外网络自主学习相结合，听说教学得到重视。但是，效果难以令人满意。回顾十余年在体育院校的大学英语教学的经历，笔者认为大学英语教学模式适宜在以下几方面继续深化改革：首先，大班教学影响外语教学效果。众所周知，在缺乏目的语言环境的情况下，外语学习主要在课堂进行。但由于课堂教学成班率大，而课后学生自主学习又缺乏合理和有效的监控。对于学习自我管理差、长期习惯于依赖老师的学生，这种模式难以取得令人满意的效果。在此情况下，靠课时有限的大班课堂上学好英语是不可能的；网络环境下学生“孤军奋战”，自主学习英语也不可能成功。只有把由教师主导的课堂教学与课后数码网络环境辅助下学生团队（team）或组对交互式自主学习结合起来，后者还需有教师及实验员的定期定量监控（定期布置和评估学习任务），才能改善目前我国大学英语教学的现状。其次，形成性评估需按计划、要求逐步落实执行。由于成班人数多，师生比扩大，老师对学生的评估变得更为困难。前文记叙的英国的外语教学改革成功原因之一就是贯彻形成性评估的各个计划和安排，确保教师课后评估的报酬。这种改革体现了外语教学中以评促学，以评促教，重在过程的理念。再次，体育院校的大学英语教学模式，教学学时少（48~72 学时/学期），但跨度是 2-3 个学期。这不利于学生在高强度、高频率中接触英语。就像烧水，火力不够，水永远是烧不开的。较成功的英语学习者大多有这样一个经历：梦里说英语。这大凡是强化训练，高频率接触英语所导致的。实践也证明：有一定英语基础的学生，经过一段时间封闭式强化训练，效果很明显。

最后，笔者还想谈谈分级教学的问题。我国体育院校的大学英语教学班级大、人数多，分级教学和滚动筛选做法操作起来较为困难。武汉体育学院近几年在运动训练学院尝试了此方法，分级尚可，滚动较难。牵涉到学生学籍管理、多次编班等问题，教务人员很头痛，慢班学生心理受到打击。从教学实践来看，未分级教学的班级比分级教学的班级参加四级考试总体通过率低。在这种情况下，分班很有必要。笔者认为分班是鼓励而不是扼杀学生的学习积极性。可采用普通英语模式和"EAP"或"EOP"模式分班不分级的教学形式来解决此问题，这种体现个性化的做法已在部分综合型高校开展了效果较好的教学实验。笔者认为随着体育院校规模的扩大，也可以进行相关的尝试。综上所述，大学英语教学模式可结合学生水平、要求、兴趣等，开设 2（3）+1 的分班模式：即各体育院校可以根据自己的实际情况，把现有的大学英语教学学时缩成 2 学期或者 3 学期的普通英语（一般要求），加上 1 学期的实用英语（一般要求）专业英语入门/专业英语学术写作/专业英语口语等（较高要求，为双语教学打基础）。

任何一种模式或方法都有它的优点和不足。在模式的设计和实施中，大学英语教师都应参照教育部《大学英语课程教学要求》中设计的"基于计算机和课堂的英语多媒体教学模式"（宏观模式），根据各自的具体情况，制定自己的方法（如读写译课可根据自己及学生的实际情况主要采用具有情感交流优势的多媒体辅助的启发式教学和语法翻译等课堂传统方法，听说课宜主要借助数码和网络技术助教辅学的优势，教师课内主导、学生课外自主相结合的交互式教学和评估方法），设计适合自己课堂教学模式，这样才能扬长避短，优化组合，从而提高教学效果。

随着我国高等教育由精英教育走向大众化教育的趋势，社会和个人对英语人才的需求是多层次的，更加注重人才的实用性。在应用型人才培养的总体框架下，英语教学的改革势在必行。探索与改革大学英语的教学模式，运用现代外语教学的理论，构建大学英语"分层次教学"的体系，以更加灵活的方式，适应每个学生的发展，满足社会对英语应用型人才的需求。

随着我国市场经济的不断深入，尤其是我国经济发展从十二五规划进入十三五规划这一阶段，高等教育在教学理念、办学模式、人才培养模式的研究与探索等方面都取得了巨大发展，全国各体育院校也都根据自己的实际情况，结合《大学英语课程教学要求》探究有效的教学模式。大学英语教学，特别是各以应用型人才培养为主的地方高校的大学英语教学，对社会的不适应越来越突出。其主要表现为：人才培养模式、课程设置、教学内容和方法、学生应用能力等方面的不适应。在这方面"教学方法"的不适应尤显突出。"因材施教，分类指导"是教育学的一项基本原则，也是大学英语教学大纲中明确规定的一项教学原则。我们在这一原则的具体贯彻实施过程中运用现代外语教学的理论，努力探索有效地构建大学英语“分层次教学”的体系，以更加灵活的方式，适应每个学生的发展，适应英语教学对社会的需要。

应用型人才是指能将专业知识和技能，应用于所从事的专业社会实践的一种专门的人才类型。应用型人才培养目标要求实现从学历教育到能力本位的战略转移，在教育观念和教学过程中，更加注重提高学生的学习能力、就业能力、转岗能力和创业能力。

“分层次教学”是大学英语教学大纲中的一个指导性原则，如何在大学英语教学的具体环境下实现这个教学原则，各个高校都有各自具体的做法。部分体育院校的分层次教学已经实行了几年，初步建立了一套适应学院具体情况的分层次教学的体系，同时也确立了一种基本认识，即课堂教学之外，必须有一套支持大学英语学习的系统，而在整个分层次教学体系的运作中，注重并抓住学生的情感因素是调动学生积极性的关键。

随着我国高等教育由精英教育走向大众化，体育院校的办学规模也趋于稳定，各级教育行政部门对体育院校的办学特色、教学质量，尤其是大学英语的质量也越加重视，提出了更高的要求，然而，我们面临的教学条件在改变，生源的因素在改变，我们的教学也在时时面对挑战，面临着挫折和调整。大学英语教学目标应继续紧随改革与国际化的趋势，加强综合素养和终身学习的指导思想。在《大学英语课程教学要求》的指导下，充分整合各种有效的教学模式，因材施教，因地制宜，充分考虑学生的切身需求，将教学目的落到实处。

目前在我国，社会和个人对体育人才的需求是多层次且全面的，这就越发需要我们注重分层次教学体系的诸种因素，以完善与规范这个教学体系的运行操作。教师的课程意识、改革态度、知识技能水平以及教学观等，各个方面都会对教学产生重要的影响。因此，也不能忽视教师素质对大学英语教学改革决定性的作用。大学英语教学改革要突出“以人为本”的教育理念，强调学生的主体地位。在教学中注重自主式教学模式，分层教学，并引进先进的信息技术和先进的教育理念，做到事半功倍，培养合格的、符合国际化要求的体育人才。

参考文献

[1] Thomas D Snyder. Sally A Dillow. 美国教育统计年鉴[M]. 美国联邦教育部, 2012

[2] Foreign Language World, No. 5 2002 (General Serial No. 91): 35

[3] The flipped classroom [EB/OL]. [2012-03-16]. http://digitalsandbox./flipped-infographic. html

[4] Littlewood, W. Foreign and Second Language Learning[M]. Cambridge: Cam-bridge University Press. 1985

[5] Meris Stansbury. A first-hand look inside a flipped classroom[EB/OL]. [2012-03-18]. http://www. eschoolnews. com/2012/02/09/a-first-hand-look-inside-a-flipped-classroom/

[6] Ellis Rod. Understanding Second Language Acquisition [M]. Oxford: Oxford University Press. 1986

[7] H. G. Widdowson. Aspects of Language Teaching[M]. 上海: 上海外语教育出版社, 1999

[8] Nunan D. Hidden Agendas. The Role of the Learner in Program Implementation [C]. R. K. Johnson. The Second Language Curriculum. Cambridge: Cambridge University Press, 1989

[9] Gardner. R. C. and W. E. Lambert. Aptitudes and Motivation in Second Language Learning[M]. Rowley, Mass.: Newbury House. 1972

[10] Skehan, P. Individual Differences in Second Language Learning. London: Edward Arnold. 1989

[11] Clark, L. H. & Starr, I. S. Secondary School Teaching Methods (third edition). New York: Macmillan Publishing Co. Inc. 1976

[12] Jeremy Harmer. How to Teach English[M]. 北京: 外语教学与研究出版社, 2000

[13] Anstey, M. Helping Children Learn How to Learn. Australian Journal of Reading (11). 1988

[14] Marion Williams & Robert L. Burden. Psychology Language Teachers. Cambridge:

Cambridge University Press. 1997
[15] 大学英语教学大纲(修订本)[Z]. 上海：上海外语教育出版社，北京：高等教育出版社，1999
[16] 大学英语课程教学要求(试行)[Z]. 国家教育部，2004
[17] 教育部高等教育司大学英语课程教学要求[S]. 北京：外语教学与研究出版社，2007：3-4
[18] 教育部高等教育司国家中长期教育改革和发展规划纲要(2010-2020)[M]. 北京：人民出版社，2010：265-266
[19] 规划编制专家组．教育信息化十年发展规划(2011-2020 年)[M]. 北京：人民教育出版社，2012
[20] 联合国联合国教科文组织、学习共同体．高等教育开放教育资源政策指导[M]. 美国联邦教育部，2012
[21] 世界教育信息杂志社美国教育信息化发展报告[J]. 世界教育信息，2011(11)
[22] 教育信息化的国际经验综述——基于美国联邦教育部技术应用于教育的国际经验：最终报告[M]. 美国联邦教育部，2011
[23] 黄桂晶等，我国教育信息化发展的三大趋势[J]. 视点：教育发展研究，2007(10)：13-17
[24] 蔡基刚．ESP 与我国大学英语教学发展方向[J]. 外语界，2004 (2)：22-27
[25] 蔡基刚．外语能力培养与我国外语教育政策[J]. 外语与外语教学，2003(5)：29-32
[26] 岑建君．难在今日，功在千秋[J]. 中国大学教学，1997 (2)：23-25
[27] 岑建君．转变思想观念，再创一流业绩[J]. 外语界，1998 (2)：1-3
[28] 岑建君．我国高校外语教学现状[J]. 外语教学与研究，1999 (1)：3-5
[29] 岑建君．大学英语教学改革应着眼于未来[J]. 外语界，1998 (4)：12-17
[30] 陈凯，肖明．提前考四级的利与弊[J]. 国外外语教学 2003 (3)：61-64
[31] 程世禄，张国扬．ESP 教学的理论和实践[J]. 外语教学与研究，1995 (4)：51-54
[32] 陈国华．谈英语能力标准的制订[J]. 外语教学与研究，2002 (6)：405-406
[33] 戴曼纯．外语能力的界定及其应用[J]. 外语教学与研究，2002 (6)：412-413
[34] 戴忠信，刘军．从价值关系的角度论外语教学及其改革[J]. 华北电力大学学报，2003 (3)：94-96
[35] 董亚芬．我国英语教学应始终以读为本[J]. 外语界，2003 (1)：2-6
[36] 大学英语教学改革座谈会纪要[J]. 外语界，2003 (2)：7-11

[37] 傅荣．论欧洲联盟语言多元化政策[J]．四川外语学院学报，2003（3）：110-113
[38] 傅荣，王克非．欧盟语言多元化政策及相关外语教育政策分析[J]．外语教学与研究，2008（1）：41-44
[39] 顾明远．中国高等教育传统的演变和形成[J]．高等教育研究，2001（1）：9-16
[40] 康健．“威斯康星思想”与高等教育的社会职能[J]．高等教育研究，1989（1）：37-42
[41] 韩宝成．高校学生英语能力测试改革势在必行[J]．外语教学与研究，2002（6）：410-411
[42] 韩其顺．温故知新谈大纲[J]．外语界，1999（4）：21-23
[43] 胡文仲．我国外语教育规划的得与失[J]．外语教学与研究，2001（4）：245-251
[44] 胡文仲．关于我国外语教育规划的思考[J]．外语教学与研究，2011（1）：130-136
[45] 赖秀龙．德国教育政策的制定及启示[J]．现代教育管理，2009（11）：113-115
[46] 刘复兴．教育政策分析三维模式[J]．教育研究，2002（4）：15-19
[47] 雷蕾．探讨在网络自主学习建构下大学英语教学模式[J]．课程教育研究，2015（23）
[48] 刘卫萍，王志娟．德国教育行政高效率的特点及其启示[J]．河北职工医学院学报，2002（3）：61-62
[49] 刘世清．教育政策伦理：内涵与基本问题[J]．教育理论与实践，2009（19）：16-19
[50] 刘润清．关于英语教学大纲改革——从分离式教学大纲到统一的课程标准[J]．外语教学与研究，2002（6）：403-405
[51] 罗大贵．基于社会三元结构理论视角下的教育政策价值定位探讨[J]．现代教育管理，2010（3）：14-18
[52] 劳凯声，刘复兴．论教育政策的价值基础[J]．北京师范大学学报，2000（6）：5-16
[53] 孟卫青．教育政策分析：价值、内容和过程[J]．现代教育论坛，2008（5）：38-41
[54] 孟卫青．教育政策分析的三维模式[J]．教育科学研究，2008（8）：8-10
[55] 孙伟平．论价值原理及其意义[J]．人文杂志，1997（6）：7-12
[56] 靖国平．论“受过教育的人”[J]．江苏高教 2003（2）：14-17

[57] 阮岳湘．论新加坡语言政策规划的政治考量[J]．学术论坛，2004（5）：133-136
[58] 施健，余青兰．荷兰外语教育政策发展及启示[J]．教学与管理，2008（3）：158-160
[59] 王学风．新加坡的和谐教育政策及启示[J]．比较教育研究，2007（10）：31-35
[60] 王恩华．我国大学教学管理制度变迁的制度分析[J]．江苏高教，2003（5）：46-49
[61] 吴一安．走出英语教学的误区[J]．外语教学与研究，2002
[62] 文秋芳．中国外语教育年度报告[M]．北京：外语教学与研究出版社，2015
[63] 杨刚，杨文正，陈立．十大“翻转课堂”精彩案例[J]．中小学信息技术教育，2012（3）：11-I3
[64] 钟晓流，宋述强，焦丽珍．信息化环境中基于翻转课堂理念的教学设计研究阴[J]．开放教育研究，2013，19（1）：58-64
[65] 张跃国，张渝江．透视“翻转课堂”[J]．中小学信息技术教育，2012（3）：9-10
[66] 张金磊，王颖，张宝辉．翻转课堂教学模式研究[J]．远程教育杂志，2012（4）：46-51
[67] 张新明，何文涛，李振云．基于QQ群+Tablet PC的翻转课堂[J]．电化教育研究，2013（8）：68-72
[68] 珂彦玢．转变观念推进大学英语教学改革[J]．中国大学教育，2004，2：42-43
[69] 鲁洁，梁廉玉．教育学[M]．南京：河海大学出版社，2003，2：206-215
[70] 王道俊，王汉澜．教育学[M]．北京：人民教育出版社，1998，3：220-241
[71] 秦国林．美国高校英语教学的主要特点及对我们的启示[J]．黑龙江高教研究，2003，6：143-145
[72] 李荫华．一场事关重大的教学改革[J]．中国大学教学，2004，3：13-14
[73] 白毅红．首都体育学院体育管理系2003级新生英语学习状况调查[J]．首都体育学院学报，2004，6：120-122
[74] 田慧．大学体育英语[M]．北京：高等教育出版社，2008
[75] 田慧，韩冰．运动员英语[M]．北京：高等教育出版社，2006
[76] 邹永利．高等体育院校校园网协作学习系统的研发与应用研究——以沈阳体育学院校园网构建为例[J]．教育研究，2013（6）：16-17
[77] 许晓安．国家精品课程建设对网络教育发展的启示[J]．电话教育研究，2007（8）：62-64

[78] 杨永林，全冬．认知的理念，实用的视角——信息技术在外语教学中的应用[J]．外语电化教学，2011（124）：47-51
[79] 杨永林，丁韬．以“英语写作”为例解析国家精品课程建设关注要点[J]．现代教育技术，2013（4）：72-75
[80] 祝智庭．教育信息化的新发展：国际观察与国内动态[J]．现代远程教育研究，2012（3）：3-13
[81] 周崇明．外语网络教学平台与网络精品课程建设[J]．外语电化教学，2004（96）：30-33
[82] 贾志高．有关任务型教学法的几个核心问题的探讨[J]．课程·教材·教法，2005（1）：51-55
[83] 秦晓晴．动机理论研究及其对外语学习的意义[J]．外语研究，2002 年第 4 期（总第 74 期）：74-78
[84] 夏蓉莉．大学英语教师的素质对教学质量的影响[J]．河南工业大学学报（社会科学版），2006（3）：120
[85] 贾爱武．我国外语教师专业特质探析[J]．上海师范大学学报（哲社基础教育版），2005（2）：12
[86] 孙传捷．大学英语师资现状与培养提高的对策[J]．沈阳航空工业学院学报，2005（12）：146
[87] 华惠芳．试论英语学习动机与策略的研究[J]．外语界，1998（3）：44
[88] 张耀宇、贾利群．大学生产生厌学思想的原因分析及对策[J]．平顶山师专学报，2003（10）：91
[89] 李昌真．运用归因理论研究非英语专业学生英语学习行为[J]．外语界，2004 年第 6 期（总第 104 期）：41
[90] 贾冠杰著．外语教育心理学[M]．南宁：广西教育出版社，2003：20-21
[91] 刘纯，朱章华．非英语专业学生语言学习观念的调查与探析[J]．大学教育科学，2006 年第 1 期（总第 95 期）：48
[92] 程晓堂，郑敏编著．英语学习策略[M]．北京：外语教育与研究出版社，2002：13-15
[93] 文秋芳．英语学习成功者与不成功者在方法上的差异[J]．外语教学与研究，1995（3）：61-66
[94] 钟启泉编著．差生心理与教育[M]．上海：上海教育出版社，2003：332
[95] 李文娟主编．没有不听话的学生：名师培养学生好习惯的有效途径[M]．北京：九州出版社，2005：208
[96] 徐星．大学变革一场雪崩即将来临[J]．上海教育，2013（14）：42
[97] 贾爱武．外语教师教育与专业发展研究综述[J]．外语界，2005（1）：61

[98] 贾冠杰著．外语教育心理学[M]．南宁：广西教育出版社，2003：18
[99] 华惠芳．试论英语学习动机与策略的研究[J]．外语界，1998（3）：45
[100] 张承芬主编．教育心理学[M]．济南：山东教育出版社，2000：282
[101] 童路明．如何培养高职学生的英语自主学习能力[J]．大学英语，2005：12
[102] 朱纯．外语教育心理学[M]．上海：上海外语教育出版社，1994：349
[103] 何高大．现代教育技术与现代外语教学[M]．南宁：广西教育出版社，2002：67
[104] 王道俊，王汉澜主编．教育学(新编本)[M]．北京：人民教育出版社，1999
[105] 张承芬主编．教育心理学[M]．济南：山东教育出版社，2000
[106] 胡春洞主编．英语教学法[M]．高等教育出版社，1990
[107] 张兼中主编．外语教育学[M]．杭州：浙江教育出版社，1997
[108] 曾凡贵主编．大学英语课堂教学探讨[M]．长沙：湖南大学出版社，2004
[109] 陶保平、黄河清主编．教育调查[M]．上海：华东师范大学出版社，2005
[110] 韩宝成．外语教学科研中的统计方法[M]．北京：外语教学与研究出版社，2000
[111] 文秋芳．英语学习策略论[M]．上海：上海外语教育出版社，1996
[112] 任文阁．试论新生外语学习观念的转变及对策[J]．外语界，2000（3）：53
[113] 彭金定．大学英语教学论[M]．长沙：湖南人民出版社，2004
[114] 桂诗春．心理语言学[M]．上海：上海外语教育出版社，1985
[115] 程晓堂，郑敏编著．英语学习策略[M]．北京：外语教育与研究出版社，2002
[116] 束定芳著．外语教学改革：问题与对策[M]．上海：上海外语教育出版社，2004
[117] 钟启泉编著．差生心理与教育[M]．上海：上海教育出版社，2003
[118] 李晓文，王莹编著．教学策略[M]．北京：高等教育出版社，2000
[119] 刘润清，戴曼纯著．中国高校外语教学改革现状与发展策略研究[M]．北京：外语教学与研究出版社，2004
[120] 刘润清、吴一安等著．中国英语教育研究[M]．北京：外语教学与研究出版社，2000
[121] 刘杨钺，刘戟锋．MOOC：传统型大学面临的新挑战[N]．中国社会科学报，2013（6）：26
[122] 夏生，程老湿．MOOC 更好和更时髦的教育系统[J]．人物，2013（5）：55-57